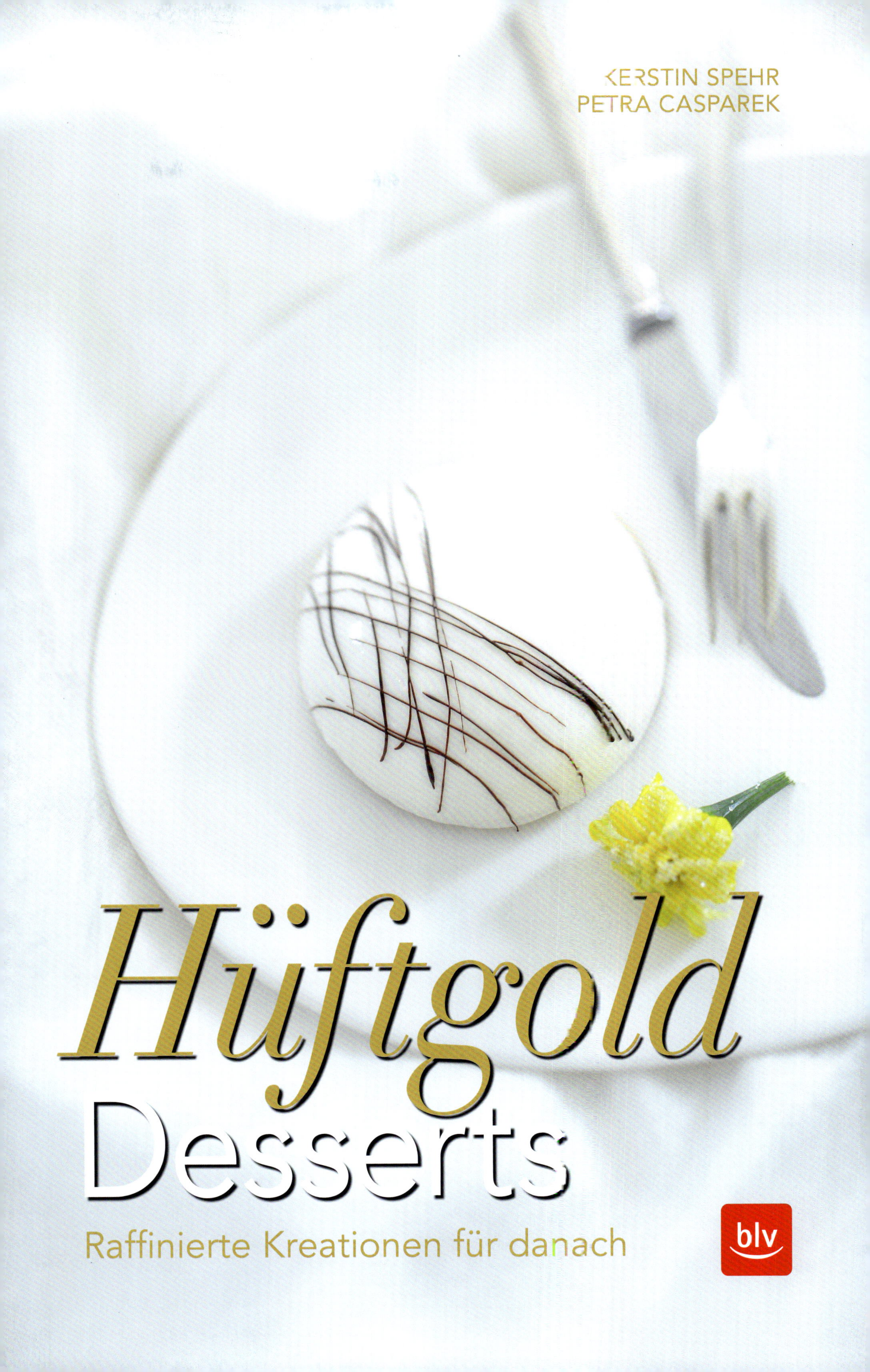

KERSTIN SPEHR
PETRA CASPAREK

Hüftgold Desserts

Raffinierte Kreationen für danach

blv

Inhalt

Vorwort

Auch wenn heute jeder Menü-Gang für sich ein Fest sein kann, lockt doch stets das Dessert als Höhepunkt. Die kleinen Kunstwerke lassen auf höchsten Genuss hoffen und enttäuschen selten.

Und so viel Genuss sie auch versprechen, so viel Freude bereitet es mir, Desserts zu kreieren und immer wieder Neues auszuprobieren. Seit über zwanzig Jahren arbeite ich nun als Patissière, zuerst in der gehobenen Gastronomie, dann selbstständig in meiner »Pralinenschule« in München. Das Thema »Dessert« reizt mich immer noch wie kaum ein anderes, und ich bin glücklich, Ihnen hier eine Auswahl meiner Lieblingsrezepte vorstellen zu dürfen. Sie finden in den folgenden Kapiteln altbewährte Rezepte, die je nach Jahreszeit auch in meinen Dessertkursen auf dem Programm stehen. Ich habe mir aber auch die Freude gegönnt, neue Rezepte zu entwickeln. Mein besonderer Dank gilt hier meiner Kollegin Ingrid Löw-Fesenmair, Patissière in der Münchner Spitzengastronomie und junge Mutter, die mir mit Leidenschaft und Kreativität zur Seite stand.

MIT TRICKS AUS DER PATISSIER-KÜCHE

Ja, und jetzt komme ich ins Spiel, denn neue Rezepte sind ja schön und gut, aber sie sollten auch für alle Nicht-Patissiers verständlich sein. Und so habe ich meine Zeit als »Übersetzerin« am PC verbracht und Patissier-Latein in Kochbuch-Deutsch übertragen. Habe immer wieder nachgefragt und recherchiert, das Ergebnis unserer gemeinsamen Arbeit halten Sie nun in der Hand.

Einen wichtigen Tipp möchten wir Ihnen noch mit auf den Weg geben: Nehmen Sie sich Zeit für Ihre Dessertkreationen und bereiten Sie sie, soweit möglich, schon am Vortag zu. So bleibt Ihnen genügend Zeit für Ihre Gäste.

In diesem Sinne wünschen wir Ihnen viel Freude bei der Zubereitung und beim Genuss Ihrer Desserts,

Ihre Kerstin Spehr und Petra Casparek

GRUNDWISSEN ZU DESSERTS

Kuvertüre temperieren, Cremes zur Rose abziehen oder Hippenblüten backen, das klingt wie Patissier-Latein, lässt sich aber mit etwas Zeit, Geschick und unseren Tipps ganz einfach umsetzen.

Was die Küche hergibt

Zum Glück kann man als Dessert-Anfänger zunächst auf die altbewährte Küchenausstattung zurückgreifen. Und wenn man dann Neues ausprobiert, kommt vielleicht auch die ein oder andere Neuanschaffung hinzu.

Zur **Basisausstattung** für die hauseigene Patisserie reichen wenige bereits vorhandene Utensilien erst einmal vollkommen aus. Zwei, drei verschieden große Rührschüsseln, eine digitale Waage, ein elektrischer Mixer, ein Stabmixer, ein bis zwei Teigschaber aus Silikon, eine Palette aus Edelstahl und verschieden große Töpfe und Stielkasserollen kommen hier anfangs zum Einsatz.

Werden die Dessertansprüche dann jedoch anspruchsvoller, sollte man seine Küchenausstattung entsprechend erweitern. Sinnvolle Anschaffungen sind:

Einweg-Spritzbeutel aus Kunststofffolie mit verschieden großen, glatten und gezackten Metalltüllen zum Aufspritzen von Cremes, zum kleckerfreien Einfüllen und zum Garnie-

ren. In großen Gebinden über den Internethandel bestellen, dann ist's preiswerter!

Ein digitales **Zuckerthermometer**, das beim Temperieren von Kuvertüre ebenso hilfreich ist wie beim Karamellkochen oder bei der Zubereitung von Eier-Milch-Cremes.

Dessertringe aus Metall (ø 8 cm) und dazu passende **Randfolienstreifen** kommen bei geschichteten cremigen Desserts zum Einsatz.

Ein Satz unterschiedlich großer **Ausstechringe** ist nicht nur hilfreich, wenn es darum geht, kleine Tortenböden aus Biskuit auszustechen, mit ihnen lässt sich auch Eis in Form bringen oder lassen sich Hippen dekorativ ausstechen.

Wer häufig backt, sollte sich auch zwei bis drei **Silikon-Backmatten** zulegen. Am besten eignen sich die mit Glasfasergewebe verstärkten Matten, da sie schön stabil und relativ schwer sind. Über den Internethandel bestellen.

Eine **Terrinenform** lohnt die Anschaffung, wenn man häufig Parfaits und Terrinen zubereitet. Mit etwas Kreativität lässt sie sich jedoch anfangs auch ersetzen – zum Beispiel durch eine längliche Gefrierdose.

Besondere **Formen**, wie zum Beispiel halbkugelförmige Formen, kleine Pyramiden oder Tartelettes, bekommt man ähnlich wie Muffinförmchen verbunden als Tabletts aus Metall oder Silikon. Cremes lassen sich aus Silikonformen besonders gut auslösen, wenn man die gefüllten Formen kurz im Eisfach anfriert. Ausgefallene Formen gibt es in gut sortierten Haushaltsfachgeschäften, in speziellen Küchenläden oder über den Internethandel.

Ein **verstellbarer Backrahmen** leistet gute Dienste, wenn es ums Schichten von Gebäck und Cremes geht. Er ist in gut sortierten Haushaltsfachgeschäften oder über den Internethandel erhältlich.

BACKOFENTEMPERATUREN

Generell wird der Backofen für unsere Desserts auf Ober-/Unterhitze eingeschaltet, außer es wird ausdrücklich auf Umluft hingewiesen.
Bei Backöfen, die mit Gas beheizt werden, bitte die Temperaturen entsprechend der Ofenskala umrechnen.

LINKS Wenige Küchenutensilien reichen anfangs für die hauseigene Patisserie aus.
UNTEN Mit steigenden Ansprüchen lässt sich die Ausstattung allmählich erweitern.

NUR BESTE ZUTATEN FÜR UNSERE DESSERTS

Frische, qualitativ hochwertige Zutaten sind die Basis für unsere Desserts und lassen sich in jedem Supermarkt oder Bioladen besorgen. Etwas Spezielleres hingegen bestellen wir über den Internethandel. Oder – was für eine Überraschung! – es liegt in der Kühltheke des türkischen Lebensmittelhändlers um die Ecke.

Agar-Agar ist ein veganes Bindemittel und wird aus Algen hergestellt. Das Pulver eignet sich gut zum Binden von Cremes und Gelees. Man bekommt es im Bioladen.

Blattgold ist extrem dünn ausgewalztes, echtes Gold, das sehr sparsam zum Verzieren von Gebäck, Pralinen und Desserts verwendet wird. Am einfachsten bezieht man Blattgold über den Internethandel.

Versuchungen sollte man nachgeben. Wer weiß, ob sie wiederkommen!

OSCAR WILDE

Filoteig, den sehr dünnen, strudelartigen Teig, der in 11 Lagen übereinander zu einer Rolle gewickelt und meist tiefgekühlt angeboten wird, gibt es im türkischen Lebensmittelhandel. Er eignet sich hervorragend für kreative Dessertvariationen oder – ganz klassisch – für herzhaft gefüllte Täschchen und Pasteten.

Glukose kommt als glasklarer, zähflüssiger Sirup in den Handel. Glukose wird aus Stärke gewonnen und vor allem in der Süßwarenindustrie eingesetzt. Sie verhindert das Auskristallisieren von Zucker. Glukose lässt sich über den Internethandel bestellen.

Kakaonibs sind fermentierte, getrocknete und geröstete, in kleine Stücke gebrochene Kakaobohnen. Sie schmecken herb und köstlich nach Schokolade und machen sich gut als knusprige Einlage in Cremes und Pralinen. Man bekommt sie über den Internethandel.

Maronenpüree bildet die Grundlage für viele Desserts und Cremes mit Maronen. Das gesüßte Püree bekommt man in gut sortierten Feinkostgeschäften oder im Internet.

Passionsfruchtmark ist das passierte Fruchtfleisch ausgereifter, aromatischer Passionsfrüchte. Wir besorgen uns meistens gefrorenes Passionsfruchtmark, das wir über den Internethandel bestellen.

Pektin oder **Apfelpektin** wird aus Zitrusfrüchten oder unreifen Äpfeln gewonnen und zum Andicken von Marmeladen und Gelees verwendet. Kleine Mengen reines Apfelpektin verwenden wir gerne zum Andicken von fruchtigen Pasten. Man kann es in der Apotheke bestellen.

Rosenöl ist ein natürliches, ätherisches Öl, das aus Rosenblüten gewonnen wird. Sparsam eingesetzt, gibt es Cremes und Desserts ein wunderbar duftiges Rosenaroma. Naturreines Rosenöl ist äußerst kostbar und entsprechend teuer. Man bekommt es im Bioladen oder in der Apotheke.

Weiches **Fondant** wird gerne zum Überziehen von Gebäck verwendet. Wir glasieren damit zum Beispiel die kleinen Windbeutel von Seite 110. Das weiche, dickflüssige Fondant über dem Wasserbad auf ca. 32 °C erwärmen, nach Wunsch mit Speisefarbe einfärben und das Gebäck kurz hineintauchen. Dann absetzen und trocknen lassen. Über das Internet bestellen.

OBEN Spezielle Zutaten für unsere Dessertkreationen, wie beispielsweise Blattgold oder Kakaonibs, bekommt man problemlos über den Internethandel.

Wissen von der Fachfrau

Man nehme: eine Portion Patisserie-Fachwissen, gute Zutaten und etwas Muße – schon gelingen auch aufwendigere Dessertkreationen ganz einfach in der heimischen Küche. Versuchen Sie es!

CREME ZUR ROSE ABZIEHEN

Cremes mit Eiern und Milch werden gerne über dem Wasserbad mit dem Teigschaber gerührt (nur leicht rühren, nicht schaumig schlagen!), bis sie heiß sind und zu einer dicklichen Creme binden. Diesen Vorgang bezeichnet man als »zur Rose abziehen«. Die richtige Konsistenz der Creme stellt man fest, indem man den Teigschaber kurz in die Creme taucht, ihn herausnimmt und darauf pustet. Bildet sich dabei ein kreisförmiges Wellenmuster, das an die Blätter einer Rosenblüte erinnert, hat die Creme die richtige Konsistenz und kann weiterverarbeitet werden. Wer nicht pusten mag, kann die Konsistenz der Creme mit dem Zuckerthermometer testen: Die Masse unter ständigem Rühren auf knapp 70 °C erhitzen.

GELATINE

Mit Gelatine erhalten viele Desserts eine cremige, aber stabile Konsistenz. Für unsere Rezepte haben wir ausschließlich weiße Blattgelatine eingesetzt. Sie muss vor der Verwendung ca. 10 Minuten in reichlich kaltem Wasser einweichen, bis die Blätter ganz weich und schlabbrig geworden sind. Die Gelatine danach entweder tropfnass in einem kleinen Topf bei mäßiger Hitze (Vorsicht, nicht zu heiß werden lassen!) oder ausgedrückt in erwärmter Flüssigkeit schmelzen. Dann erst etwas kalte Creme in die aufgelöste Gelatine und erst danach alles in die Creme rühren. Cremes mit Gelatine als Bindemittel brauchen gut 10 Stunden zum Festwerden, also am besten gut abgedeckt über Nacht im Kühlschrank fest werden lassen.

OBEN Die Creme zuerst mit dem Schneebesen sorgfältig verrühren, damit keine Klümpchen entstehen. Dann mit dem Teigschaber rühren, dabei den Schüsselrand nicht vergessen.

OBEN Mit einem Zuckerthermometer die richtige Beschaffenheit des Karamells testen. Den Fühler des Thermometers dabei nicht auf den Topfboden kommen lassen.

KARAMELL

Beim Karamellkochen sind Konzentration und Vorsicht geboten, weil es richtig heiß wird! Zucker mit Wasser am besten in eine Stielkasserolle geben und bei hoher Temperatur aufkochen. Sobald die Mischung aufkocht, nicht mehr rühren, sonst kristallisiert der Zucker aus. Weiter bei hoher Temperatur kochen, bis der Zucker karamellartig zu duften beginnt und sich goldgelb färbt. Mit dem Zuckerthermometer misst man nun etwa 145 °C. Je heißer der Zucker wird (bis 160 °C), umso dunkler und aromatischer wird der Karamell. Über 160 °C jedoch verbrennt der Zucker und wird ungenießbar.

LÄUTERZUCKER

Der gelöste Zucker eignet sich bestens zum Süßen von kalten Flüssigkeiten, Cremes und anderen Massen. Dafür einfach 500 g Zucker mit 500 ml Wasser aufkochen, bis sich der Zucker aufgelöst hat. Dann den Läuterzucker abkühlen lassen, in eine Flasche füllen und bis zum Einsatz im Kühlschrank aufbewahren.

MANDELBISKUIT (GRUNDREZEPT)

Als Unterlage für geschichtete Cremedesserts verwenden wir gerne eine dünne Scheibe Biskuit, den man ganz leicht selbst herstellen kann. Dafür 4 Eigelbe mit 75 g Zucker aufschlagen, bis sich der Zucker aufgelöst hat. 4 Eiweiße mit 50 g Zucker und 1 Prise Salz steif schlagen. 90 g geschälte, fein gemahlene und leicht geröstete Mandeln mit 75 g Mehl mischen. Eischnee zusammen mit der Mehl-Mandel-Mischung in 3 Portionen unter die Eigelbmasse heben. Zum Schluss 50 g flüssige, abgekühlte Butter unterheben. Den Backofen auf Umluft 200 °C vorheizen. 2 Backbleche mit Backpapier belegen und den Teig 4–5 mm dick daraufstreichen. Den Biskuit im vorgeheizten Backofen 8–10 Minuten goldgelb backen. Dann abkühlen lassen, Backpapier abziehen und Kreise in der gewünschten Größe ausstechen. Am besten Kreise auf Vorrat ausstechen und einfrieren. Die Randstücke und andere Biskuitreste im 80 °C heißen Backofen trocknen und im Blitzhacker zu feinen Bröseln verarbeiten. Luftdicht aufbewahren.

SEIDIG GLÄNZENDE KUVERTÜRE MIT DEM VERFÜHRERISCHEN KNACK

Bei Kuvertüre lohnt es sich, Qualität zu kaufen. Die hat zwar ihren Preis, ergänzt aber jedes Dessert mit ihrem wunderbaren, vollen Schokoladengeschmack. Hochwertige Kuvertüre findet man im (Internet-)Fachhandel.

Vor dem Schmelzen und Temperieren muss Kuvertüre in Blockform gehackt werden, Kuvertüre in Form von kleinen Tropfen oder Plättchen braucht hingegen keine weitere Vorbereitung. Drei Arbeitsschritte sind nötig, damit Kuvertüre beim Festwerden schön glänzend wird und keine Schlieren bekommt.

UNTEN Dunkle Kuvertüre auf 50 °C erwärmen, zum Abkühlen vom Wasserbad nehmen.

1. Kuvertüre schmelzen
Insgesamt 300 g dunkle Kuvertüre hacken, bzw. Kuvertüretropfen abwiegen. Zum Schmelzen der Kuvertüre eine größere Glas- oder Metallschüssel auf einen kleineren Topf mit zweifingerhoch knapp siedendem Wasser setzen. Vorsicht, auf keinen Fall darf Wasser in die Kuvertüre gelangen! 200 g dunkle Kuvertüre in die Schüssel geben und unter Rühren schmelzen, bis sie maximal 50 °C heiß ist (weiße Kuvertüre maximal 38 °C, Vollmilchkuvertüre maximal 40 °C). Die Schüssel vom Wasserbad nehmen und die Kuvertüre rühren, bis sie komplett geschmolzen ist.

2. Kuvertüre herunterkühlen
Ein Drittel der geschmolzenen Kuvertüre in eine zweite Schüssel füllen und über dem nicht mehr siedenden Wasserbad warm stellen. In die Kuvertüre, die in der Schüssel geblieben ist, 100 g ungeschmolzene Kuvertüre einrühren, bis sie fast komplett geschmolzen ist und die Kuvertüre insgesamt dicker geworden und auf 28–29 °C heruntergekühlt ist (weiße Kuvertüre auf 26–27 °C, Vollmilchkuvertüre auf 27–28 °C).

3. Kuvertüre temperieren
So viel warm gestellte, geschmolzene Kuvertüre esslöffelweise unter die heruntergekühlte Kuvertüre rühren, bis die Kuvertüre auf 31–32 °C temperiert ist (weiße Kuvertüre auf 28–29 °C, Vollmilchkuvertüre auf 29–30°C). Nun ist die Kuvertüre fertig zum Überziehen und Verzieren.

SCHOKOLADENORNAMENTE SELBST MACHEN

Zum Linienziehen die temperierte Kuvertüre in einen kleinen, gefalteten Papierspritzbeutel füllen und eine feine Spitze abschneiden. Man kann dabei ganz unorthodox vorgehen und freihändig Gitterlinien oder Krickelkrakel auf das Backpapier zeichnen. Kompliziertere Ornamente, z.B. Blüten oder Schmetterlinge, mit Bleistift auf Butterbrotpapier oder weißes, leicht transparentes Backpapier vorzeichnen. Das Papier mit den Zeichnungen nach unten auf ein helles Tablett legen. Mit ruhiger Hand die vorgezeichneten Linien mit Kuvertüre nachzeichnen. Oder Kuvertüre dünn auf einen aufgeschnittenen Gefrierbeutel streichen, fest werden lassen, abheben und in die gewünschte Form brechen. Die Ornamente in 30–60 Minuten fest werden lassen und zum Dekorieren vorsichtig vom Papier lösen.

SCHOKOLADENSPIRALEN SELBST MACHEN

Ein Rundholz mit ø 2–3 cm glatt mit Backpapier umwickeln. Temperierte Kuvertüre auf einen Randfolienstreifen streichen und mit dem Garnierkamm längs ein Streifenmuster ziehen. Den Folienstreifen mit der Kuvertüreseite nach innen in Bahnen schräg nebeneinander rund um das Rundholz wickeln. Die Kuvertüre fest werden lassen, dann das Rundholz vorsichtig herausziehen, die Folie lösen und die Schokoladenspirale in Stücke schneiden.

UNTEN Mit geschmolzener Kuvertüre entstehen akkurate Ornamente, wenn man sie auf der Rückseite von Backpapier vorzeichnet und auf der Vorderseite mit Kuvertüre nachzieht.

Dekoratives für Desserts

Ob verspielt oder klassisch streng, dekorative Elemente verwandeln Desserts in kleine Schmuckstücke. Viele lassen sich ganz einfach selbst machen. Hier zeigen wir, wie es geht.

MARZIPAN-HIPPEN

1 Ei mit 20 g Marzipan-Rohmasse zu einer glatten Masse verarbeiten. 60 g Zucker, 1 Prise Salz und etwas fein abgeriebene Bio-Zitronenschale einrühren. 60 g Mehl darübersieben und unter den Teig rühren. Den Teig zugedeckt 1 Stunde bei Raumtemperatur ruhen lassen. Den Backofen auf 180 °C vorheizen, 2 Backbleche mit Backpapier belegen. Mit einer aus einem Gefrierdosendeckel geschnittenen Schablone (z.B. in Form einer großen Blüte) den Teig dünn auf die Backbleche streichen und im vorgeheizten Backofen nacheinander goldgelb backen. Sofort vorsichtig vom Backpapier lösen und jede Blüte behutsam in eine Espressotasse drücken, sodass sich eine

schalenförmige Blüte ergibt. Falls Teig übrig bleibt, diesen bis zum nächsten Backen einfrieren oder weitere Hippen zum so Vernaschen backen.

KARAMELLISIERTE HASELNÜSSE

Den Backofen auf 190 °C vorheizen. 300 g Haselnusskerne auf einem mit Backpapier belegten Backblech verteilen und im vorgeheizten Backofen ca. 10 Minuten rösten. Herausnehmen und die Häutchen abreiben. In einer Stielkasserolle 85 g Zucker und 80 ml Wasser erhitzen, bis sich die Zuckerkristalle aufgelöst haben. Haselnüsse untermischen und unter ständigem Rühren kochen, bis alle Nüsse mit Zucker überzogen sind. Bei starker Hitze weiterkochen, bis der Zucker schmilzt und hellbraun karamellisiert. Den Topf vom Herd nehmen, 1 EL Traubenkernöl unter langsamem Rühren über die heißen Nüsse verteilen. Die Haselnüsse auf einem mit Backpapier belegten Backblech ausbreiten, voneinander trennen und abkühlen lassen. Luftdicht aufbewahren. Mandeln ebenso karamellisieren.

PFLAUMENCHIPS

150 g rote runde Pflaumen oder Zwetschgen waschen, halbieren, entsteinen. Fruchtfleisch mit 40 g Puderzucker mit dem Stabmixer pürieren. 15 g Eiweiß dazugeben und unterrühren. Die Masse auf eine Backmatte streichen und auf dem Backblech im Backofen bei Umluft 90 °C 2–3 Stunden mehr trocknen lassen als backen. Die fertigen Pflaumenchips nach Wunsch in nicht zu kleine Stücke brechen und luftdicht verpackt in einer Dose aufbewahren.

GEZUCKERTE, GETROCKNETE BLÜTEN

Besonders dekorative Blüten, wie Hornveilchen, Gänseblümchen oder kleine Rosenblüten, vorsichtig Blatt für Blatt ganz dünn mit leicht mit Wasser verdünntem Eiweiß einpinseln, mit feinem Kristallzucker bestreuen und im Dörrapparat oder im Backofen bei Umluft 50 °C je nach Größe der Blüten etwa 3–6 Stunden trocknen.

BAISERBLÄTTER

Aus 2 Eiweiß, 1 Prise Salz und 40 g Puderzucker steifen Schnee schlagen. Weitere 40 g Puderzucker darübersieben und unterheben. Den Backofen auf Umluft 110 °C vorheizen. Aus der Baisermasse mithilfe einer Schablone Kreise von ø 3 cm auf Backpapier streichen und im vorgeheizten Backofen ca. 30 Minuten backen. Herausnehmen und abkühlen lassen. Vor dem Garnieren leicht mit Himbeerpulver bestreuen. Übrige Baiserblätter luftdicht aufbewahren.

LINKS Ofenheiße Hippen vorsichtig in kleinen Gefäßen oder über Tassen in Form biegen. UNTEN Auch aus Kunststofffolie lassen sich Schablonen ausschneiden. Teig daraufstreichen

FRUCHTIGE LIEBLINGSDESSERTS

Vollreife Früchte mit ihren einzigartigen Aromen, raffiniert gepaart mit Eis, Mousses und Cremes, ergeben himmlisch leichte, erfrischende Kreationen, die ein feines Essen gebührend abrunden.

Himbeersorbet mit Cremeschnitte

✻✻

Für 4 Portionen

FÜR DAS HIMBEERSORBET 150 g Zucker ✻ 150 ml Wasser ✻ 500 g Himbeermark ✻ Saft von ½ Zitrone

FÜR DIE CREMESCHNITTE etwa 50 g Zucker ✻ 1 Scheibe TK-Blätterteig, etwa 80 g

FÜR DIE FÜLLUNG 100 g Sahne ✻ 100 ml Milch ✻ 2 Eigelb ✻ 30 g Zucker ✻ 20 g Speisestärke ✻ ausgeschabtes Mark von ½ Vanilleschote

AUSSERDEM 150 g frische Himbeeren ✻ Minzeblättchen nach Wunsch zum Garnieren 2 Silikon-Backmatten

1 FÜR DAS SORBET DEN ZUCKER mit dem Wasser kurz aufkochen lassen, bis sich der Zucker gelöst hat. Den Läuterzucker abkühlen lassen. Das Himbeermark mit dem Läuterzucker und dem Zitronensaft vermischen und in der Eismaschine zu einem Sorbet gefrieren lassen. Wer keine Eismaschine besitzt, kann das Sorbet auch in eine Schale füllen und etwa 4 Stunden ins Gefrierfach stellen. Dabei immer wieder durchrühren, damit ein cremiges Sorbet entsteht.

2 FÜR DIE CREMESCHNITTE den Backofen auf 180 °C vorheizen. Einen Teil des Zuckers gleichmäßig auf der Arbeitsfläche verteilen. Den Blätterteig darauflegen, weiteren Zucker darüberstreuen und den Blätterteig zu einem Rechteck von 25 × 14 cm ausrollen. Das Backblech mit einer Backmatte belegen. Den Teig darauflegen, eine zweite Backmatte und ein Gitter zum Beschweren darauflegen. Den Blätterteig im vorgeheizten Backofen 8–10 Minuten backen. Dann das Gitter entfernen, den Teig vorsichtig wenden, die obere Matte abnehmen und weitere 2 Minuten backen. Noch warm in 8 Streifen von 12 × 2,5 cm schneiden.

3 FÜR DIE FÜLLUNG die Sahne mit 50 ml Milch aufkochen. Die Eigelbe mit dem Zucker, der restlichen Milch, der Speisestärke und dem Vanillemark glatt verrühren. In die Sahne-Milch-Mischung rühren und 3–4 Minuten kochen lassen, bis die Masse gut andickt. Die Creme in eine Schüssel füllen, die Oberfläche mit Folie abdecken und die Creme abkühlen lassen.

4 ZUM SERVIEREN die Creme in einen Spritzbeutel füllen. Etwas Creme auf 4 Blätterteigstreifen spritzen und mit je 6 makellosen frischen Himbeeren belegen. Nochmals Creme dazwischen und daraufspritzen und je mit 1 Blätterteigstreifen belegen. Je 1 Cremeschnitte auf einen Dessertteller legen und das Himbeersorbet als Nocke danebensetzen. Nach Wunsch mit Minzeblättchen garnieren und sofort servieren.

UNSER TIPP Himbeermark lässt sich ganz einfach selbst herstellen: Dafür 600 g TK-Himbeeren antauen lassen, mit 50 g Zucker vermischen, leicht pürieren und durch ein feines Sieb passieren.

SYMBOLERKLÄRUNG: ✻ gelingt leicht; ✻✻ etwas aufwendiger; ✻✻✻ braucht Zeit und Erfahrung

Grapefruit-Feigen-Gratin mit Sesamhippen

Für 4 Portionen

FÜR DIE SESAMHIPPEN 30 g Butter * 50 g Puderzucker * 30 g geschälte Sesamsaat * Saft und abgeriebene Schale von ½ Bio-Orange * 25 g Mehl

FÜR DAS GRATIN 2 rosa Grapefruits * 4 vollreife Feigen * 65 g sehr weiche Butter * 80 g Puderzucker * 125 g fein gemahlene, geschälte Mandeln * 1 Ei * 100 g Sahne

AUSSERDEM Puderzucker zum Bestreuen
4 ofenfeste Teller

1 FÜR DIE SESAMHIPPEN zunächst die Butter schmelzen, abkühlen lassen und in eine Schüssel geben. Den Puderzucker, Sesamsaat, Orangensaft und -schale sowie das Mehl dazugeben und alles zu einem Teig verrühren. Zugedeckt 1 Stunde ruhen lassen.

2 DEN BACKOFEN auf 190 °C vorheizen, ein Backblech mit Backpapier belegen. Aus einem Gefrierdosendeckel eine Schablone ausschneiden (s. S. 19). Den Teig mithilfe der Schablone dünn auf das Backpapier streichen und im vorgeheizten Backofen etwa 8 Minuten backen, bis die Sesamhippen goldbraun sind. Die Hippen aus dem Backofen nehmen, mit dem Backpapier vorsichtig vom Blech heben und auf einem Gitter abkühlen lassen.

3 FÜR DAS GRATIN die Grapefruits mit einem scharfen Messer so schälen, dass die weiße Haut mit entfernt wird, und die Grapefruitfilets vorsichtig aus den Spalten lösen. Die Feigen waschen, trocken tupfen und in Spalten schneiden.

4 DIE BUTTER mit dem Puderzucker und den Mandeln verrühren. Das Ei dazugeben und unterrühren. Die Sahne steif schlagen und unterziehen. Die Gratinmasse auf 4 ofenfeste Teller verteilen, mit den Früchten belegen und unter dem Backofengrill auf der oberen Schiene goldbraun gratinieren. Das Grapefruit-Feigen-Gratin mit Puderzucker bestreuen, mit den Sesamhippen garnieren und sofort servieren.

Zitronen-Heidelbeer-Törtchen mit Orangensauce

Für 4 Portionen

FÜR DIE TÖRTCHEN 2 Blatt weiße Gelatine * 100 ml Zitronensaft * 60 g Crème fraîche * 3 Eigelb * 125 g Zucker * 2 Eiweiß * 125 g frische Heidelbeeren (Blaubeeren)

FÜR DIE ORANGENSAUCE 200 ml frisch gepresster Orangensaft * 1 TL Speisestärke * 1 TL Cointreau

AUSSERDEM Heidelbeeren (Blaubeeren) und Minzeblättchen zum Garnieren
4 Dessertringe, ø 8 cm * Randfolienstreifen (Bezugsquelle s. S. 126)

1 FÜR DIE TÖRTCHEN die Gelatine in kaltem Wasser einweichen. Den Zitronensaft mit der Crème fraîche in einen Topf geben, verrühren und erhitzen. Die Eigelbe mit 25 g Zucker aufschlagen. Die heiße Zitronensaftmischung unter Rühren dazugießen und unterrühren, bis die Masse leicht bindet. Die Gelatine leicht ausdrücken, in die noch warme Zitronensaftmischung geben und unter Rühren auflösen. Alles kalt stellen, bis die Masse leicht geliert. Die Eiweiße steif schlagen, dabei nach und nach den restlichen Zucker zugeben. Den Eischnee vorsichtig unter die kalte Zitronenmasse heben.

2 DIE HEIDELBEEREN waschen und trocken tupfen. Die Dessertringe mit den Folienstreifen auskleiden und auf ein mit Folie ausgelegtes Tablett setzen. In jeden Ring erst eine Schicht Zitronencreme füllen, dann eine Schicht Heidelbeeren daraufsetzen und zum Schluss wieder eine Schicht Zitronencreme einfüllen. Die Zitronen-Heidelbeer-Törtchen mit Folie abdecken und im Kühlschrank mindestens 4 Stunden fest werden lassen.

3 FÜR DIE ORANGENSAUCE 150 ml Orangensaft aufkochen. Die Speisestärke im restlichen Orangensaft anrühren, in den heißen Orangensaft einrühren und so lange köcheln, bis die Sauce bindet. Mit Cointreau abschmecken und abkühlen lassen.

4 ZUM SERVIEREN die Törtchen auf Dessertteller setzen, Ringe und Folie vorsichtig entfernen. Mit der Orangensauce anrichten und mit einigen schönen Heidelbeeren und Minzeblättchen garnieren.

Kirschkrapfen mit Topfeneis

**

Für 4 Portionen

FÜR DAS TOPFENEIS 250 ml Milch * 150 g Zucker * 4 Eigelb * ausgeschabtes Mark von 1 Vanilleschote * 250 g Speisequark, 20 % Fett i. Tr. (Topfen)
FÜR DIE FÜLLUNG 150 g Sauerkirschen, frisch oder TK * 50 ml Wasser * 1–2 TL Speisestärke * 1 EL Zucker * 80 g Marzipan-Rohmasse * ½ TL fein abgeriebene Bio-Zitronenschale * 10 g brauner Zucker
FÜR DEN BRANDTEIG 125 ml Milch * 35 g Butter * 1 Prise Salz * 90 g gesiebtes Mehl * 1 Ei * 1 Eigelb * 1 Prise fein abgeriebene Bio-Zitronenschale
AUSSERDEM Mehl zum Ausrollen * Eiweiß zum Bestreichen * Öl zum Ausbacken * Puderzucker zum Bestreuen
Ausstechringe, ø 7 cm

1 FÜR DAS TOPFENEIS die Milch mit 50 g Zucker aufkochen. Den restlichen Zucker mit den Eigelben und dem Vanillemark in eine Metallschüssel geben und glatt verrühren. Die kochende Milch hinzugeben und zur Rose abziehen (s. S. 14). Die Mischung über dem Eiswasserbad kalt rühren, den Quark unterrühren und die Masse in der Eismaschine gefrieren.

2 FÜR DIE FÜLLUNG die Kirschen entsteinen und mit Wasser, Speisestärke und Zucker zu einem Kompott kochen. Die Marzipan-Rohmasse mit der abgeriebenen Zitronenschale und dem braunen Zucker glatt verkneten.

3 FÜR DEN BRANDTEIG die Milch mit Butter und Salz aufkochen. Das Mehl auf einmal dazugeben und so lange rühren, bis sich ein Teigkloß gebildet und ein weißer Film auf dem Topfboden abgesetzt hat. Den Teig in eine Schüssel geben und etwas abkühlen lassen. Dann das Ei, das Eigelb und die Zitronenschale zugeben und unterarbeiten.

4 DEN TEIG auf einer leicht bemehlten Arbeitsfläche ca. 2 mm dünn ausrollen und Kreise von ø 7 cm daraus ausstechen. Die Kreisränder dünn mit Eiweiß einstreichen. Auf eine Hälfte jedes Kreises 1–2 Kirschen aus dem Kompott und etwas Marzipanmasse geben, die Kreise zu Halbkreisen zusammenklappen und die Ränder fest andrücken.

5 IN EINER STIELKASSEROLLE etwa 2 Finger hoch Öl erhitzen. Die Kirschkrapfen im heißen Öl von beiden Seiten auf Sicht goldbraun frittieren und auf mehreren Lagen Küchenpapier abtropfen lassen. Die Krapfen mit Puderzucker bestreuen und noch heiß portionsweise mit Topfeneis und restlichem Kirschkompott anrichten. Sofort servieren.

Passionsfrucht- und Schokoladen-mousse mit Ananas

**

Für 4 Portionen

FÜR DAS ANANASRAGOUT 40 g Mangomark * 40 g Kokosmilch * 65 g Zucker * ausgeschabtes Mark von 1 Vanilleschote * 250 g frisches Ananasfruchtfleisch

FÜR DIE SCHOKOLADENMOUSSE 40 g dunkle Kuvertüre * 40 g Vollmilchkuvertüre * 1 Blatt Gelatine * 1 Ei * 20 g Zucker * fein abgeriebene Schale von ½ Bio-Orange * 20 ml Cointreau * 150 g Sahne

FÜR DIE PASSIONSFRUCHTCREME 125 g Passionsfruchtmark (Bezugsquelle s. S. 126) * 110 g Zucker * 2 Blatt Gelatine * 1 Eiweiß * 100 g Sahne

AUSSERDEM 1 Lage Filoteig (aus dem türkischen Lebensmittelgeschäft) * 30 g flüssige Butter * 1 TL schwarzer Sesam

1 FÜR DAS ANANASRAGOUT das Mangomark und die Kokosmilch erhitzen. Den Zucker in einer Stielkasserolle karamellisieren. Das heiße Fruchtmark in 3 Portionen dazugießen (Vorsicht, es kann stark spritzen!). Das Vanillemark dazugeben und alles offen leicht einkochen lassen. Das Ananasfruchtfleisch in gleich große Stücke schneiden, untermischen und kurz mitkochen lassen. Abkühlen lassen. Das Ananasragout in Dessertgläser verteilen.

2 FÜR DIE SCHOKOLADENMOUSSE die Kuvertüre hacken und über dem Wasserbad schmelzen. Die Gelatine in kaltem Wasser einweichen. Das Ei mit Zucker und Orangenschale schaumig aufschlagen. Den Cointreau leicht erwärmen. Die Gelatine ausdrücken und unter Rühren darin auflösen, danach unter die Eimischung rühren. Die Kuvertüre unterziehen. Die Sahne steif schlagen und unterheben. Die Mousse in einen Spritzbeutel füllen und auf dem Ananasragout verteilen.

3 FÜR DIE PASSIONSFRUCHTCREME das Passionsfruchtmark mit 80 g Zucker aufkochen, bis sich der Zucker völlig aufgelöst hat. Die Gelatine in kaltem Wasser einweichen, ausdrücken und unter Rühren im Passionsfruchtmark auflösen. Abkühlen lassen, bis die Masse leicht geliert. Das Eiweiß mit dem restlichen Zucker steif schlagen, die Sahne ebenfalls steif schlagen und beides unter die Passionsfruchtmasse heben. Die Dessertgläser damit auffüllen und bis zum Servieren kalt stellen.

4 FÜR DIE GARNITUR den Backofen auf 180 °C vorheizen. Ein Backblech mit Backpapier belegen. Das Filoteigblatt auf das Backblech legen und mit der flüssigen Butter bestreichen. Den Filoteig mit dem schwarzen Sesam bestreuen und im vorgeheizten Backofen 6–8 Minuten goldgelb backen. Das Teigblatt in größere Stücke brechen und die Desserts damit garnieren.

UNSER TIPP Für das Mangomark eine wirklich aromatische, vollreife Mango kaufen. Etwa 70 g Fruchtfleisch durch ein feines Sieb passieren und 40 g Mangomark abwiegen. Restliche Mango pur genießen!

Pochierte Rotweinbirne mit Halbgefrorenem

**

Für 6 Portionen

FÜR DAS HALBGEFRORENE 30 g kleine Rosinen * 50 g ungeschwefelte Dörrpflaumen * 50 ml Cointreau * 50 g Haselnusskerne * 30 g Walnusskerne * 4 Eigelb * 80 g Zucker * 300 g Sahne

FÜR DIE BIRNEN 500 g leichter, fruchtiger Rotwein, z. B. Zweigelt * 100 g roter Portwein * 80 g Zucker * ½ Zimtstange * 3 schwarze Pfefferkörner * ½ Vanilleschote, aufgeschlitzt * 6 kleinere Birnen * 1–2 TL Speisestärke

AUSSERDEM Schokoladenelemente (s. S. 16) zum Garnieren halbrunde Terrinenform, 30 × 6 cm

1 FÜR DAS HALBGEFRORENE die Rosinen und die Pflaumen mit dem Likör vermischen und über Nacht einweichen lassen.

2 DEN BACKOFEN auf 160 °C vorheizen, ein Backblech mit Backpapier belegen. Haselnuss- und Walnusskerne auf das Backblech geben und im vorgeheizten Backofen etwa 10 Minuten rösten, bis sie sich bräunlich färben und aromatisch duften. Die Nüsse abkühlen lassen und grob hacken. Die Dörrpflaumen in grobe Stücke schneiden. Die Eigelbe mit dem Zucker sehr schaumig aufschlagen. Nüsse und Früchte unterheben. Die Sahne steif schlagen und ebenfalls unterheben. Eine Terrinenform mit Folie auslegen, die Masse einfüllen und im Gefrierfach 6 Stunden gefrieren lassen.

3 FÜR DIE BIRNEN den Rotwein und den Portwein mit dem Zucker und den Gewürzen erhitzen. Die Birnen schälen und die Kerngehäuse vorsichtig von unten herausschneiden, ohne die Birnen zu zerteilen. Die Birnen 15–20 Minuten im Rotwein pochieren, mit Backpapier abdecken und im Weinsud über Nacht abkühlen lassen.

4 ZUM SERVIEREN die Birnen auf 6 Dessertteller verteilen. Ein Drittel des Rotweins aufkochen und etwas einkochen lassen. Die Speisestärke in etwas kaltem Rotwein auflösen und den kochenden Rotwein damit binden. Das Halbgefrorene in Scheiben schneiden und mit den Birnen anrichten. Mit Rotweinsauce und Schokoladendekor garnieren.

Rhabarbermousse-Törtchen mit flüssigem Himbeerkern

**

Für 4 Portionen

FÜR DEN HIMBEERKERN 100 g TK-Himbeeren * 40 g Puderzucker
FÜR DEN ZITRONENSABLÉ 3 Eigelb * 120 g Zucker * 120 g weiche Butter * 1 Prise Salz * fein abgeriebene Schale von 1 Bio-Zitrone * 165 g Mehl * 7 g Backpulver
FÜR DIE RHABARBERMOUSSE 300 g rosafarbener Rhabarber * 130 g Zucker * 2 Blatt Gelatine * 1 EL Kirschwasser * 120 g Joghurt * 250 g Sahne
AUSSERDEM Baiserblättchen (s. S. 19) und frische Himbeeren zum Garnieren
4 halbkugelförmige Pralinen- oder Silikonformen, ø 3 cm * 4 Dessertringe, ø 8 cm * Randfolienstreifen (Bezugsquelle s. S. 126)

1 FÜR DEN HIMBEERKERN die Himbeeren mit Puderzucker vermischen, antauen lassen und durch ein feines Sieb passieren. Das Himbeermark in die kleinen Förmchen füllen und im Gefrierfach mindestens 2–3 Stunden gefrieren lassen. Restliches Himbeermark zum Garnieren verwenden.

2 FÜR DEN ZITRONENSABLÉ die Eigelbe mit dem Zucker schaumig schlagen. Die weiche Butter in Stückchen schneiden, das Salz und die Zitronenschale dazugeben und weiterschlagen. Das Mehl mit dem Backpulver mischen, darübersieben und unterheben. Den Teig zugedeckt 1 Stunde ruhen lassen. Den Backofen auf 180 °C vorheizen. Den Teig zwischen 2 Lagen Backpapier etwa 4 mm dünn ausrollen. Die obere Lage Backpapier abziehen, den Teig auf das Backblech legen und im vorgeheizten Backofen 8–10 Minuten goldgelb backen. Noch warm mit den Dessertringen 4 Kreise ausstechen. Den restlichen Sabléteig anderweitig verwenden, zum Beispiel für ein Trifle.

3 FÜR DIE RHABARBERMOUSSE den Rhabarber schälen und klein schneiden. Mit 50 g Zucker vermischen und 1–2 Stunden durchziehen lassen. Den Rhabarber weich kochen, pürieren und abkühlen lassen. 180 g Rhabarbermark abwiegen. Die Gelatine in kaltem Wasser einweichen. Das Kirschwasser leicht erwärmen, die Gelatine ausdrücken und darin auflösen. Rhabarbermark mit Joghurt und dem restlichen Zucker verrühren, Gelatine unterrühren. Sahne steif schlagen und unter die schon gelierende Rhabarbermasse heben.

4 DIE DESSERTRINGE mit Randfolienstreifen auslegen. Je 1 Sabléboden hineinlegen. Die Rhabarbermousse knapp halbvoll einfüllen, je 1 Himbeerkern leicht hineindrücken und mit der Mousse auffüllen. Die Törtchen abdecken und im Kühlschrank 4–6 Stunden fest werden lassen. Dann auf Dessertteller setzen, die Dessertringe und Folienstreifen vorsichtig lösen und entfernen. Mit Baiserblättchen, restlichem Himbeermark und frischen Himbeeren garniert servieren.

Thymian-Pannacotta mit Zitrusfruchtsalat

*

Für 4 Portionen

FÜR DIE PANNACOTTA 400 g Sahne * 50 g Zucker * 2–3 Zitronenthymianzweige * etwas fein abgeriebene Bio-Zitronenschale * 2 ½ Blatt Gelatine

FÜR DIE HIPPENBLÜTEN 1 Ei * 20 g Marzipan-Rohmasse * 60 g Zucker * 1 Prise Salz * etwas fein abgeriebene Bio-Zitronenschale * 60 g Mehl

FÜR DEN ZITRUSFRUCHTSALAT 3 Orangen * 2 rosa Grapefruits * 25 g Zucker * 25 g Honig * ausgeschabtes Mark von 1 Vanilleschote * 1 Zimtstange * 10 g Speisestärke * 2 EL Wasser

AUSSERDEM frische Himbeeren und Minzeblättchen zum Garnieren
4 Timbaleförmchen, 120 ml Inhalt

1 FÜR DIE PANNACOTTA 200 g Sahne mit Zucker, Zitronenthymian und Zitronenschale aufkochen, vom Herd nehmen und 6 Stunden durchziehen lassen. Gelatine in kaltem Wasser einweichen. Sahne durch ein feines Sieb passieren und leicht erwärmen. Die Gelatine darin auflösen und abkühlen lassen. Restliche Sahne steif schlagen und unter die leicht gelierende Thymian-Sahne heben. Die Pannacotta in die Förmchen füllen, mit Folie abdecken und im Kühlschrank in 3–4 Stunden fest werden lassen.

2 FÜR DIE HIPPENBLÜTEN das Ei mit dem Marzipan zu einer glatten Masse verarbeiten. Zucker, Salz und Zitronenschale einrühren. Das Mehl darübersieben und unter den Teig rühren. Zugedeckt 1 Stunde bei Raumtemperatur ruhen lassen.

3 DEN BACKOFEN auf 180 °C vorheizen. 2 Backbleche mit Backpapier belegen. Aus einem Gefrierdosendeckel eine blütenförmige Schablone ausschneiden (s. S. 19). Den Teig damit dünn auf die Backbleche streichen und nacheinander im vorgeheizten Backofen auf Sicht goldgelb backen. Jede Blüte sofort vorsichtig vom Backpapier lösen und behutsam in eine Espressotasse drücken, sodass sich eine schalenförmige Blüte ergibt.

4 FÜR DEN ZITRUSFRUCHTSALAT Orangen und Grapefruits so schälen, dass die weiße Haut mit entfernt wird. Filets herauslösen, dabei den Saft auffangen. Saft mit Zucker, Honig und Gewürzen aufkochen. Die Speisestärke im Wasser auflösen, unter den Saft rühren und kochen, bis er andickt. Vom Herd nehmen und lauwarm abkühlen lassen. Die Filets in den Saft geben und kalt stellen.

5 ZUM SERVIEREN Pannacotta ganz kurz bis knapp unter den Rand in warmes Wasser tauchen und auf Dessertteller stürzen. Jede Hippenblüte mit 1 Himbeere und 1 Minzeblättchen garnieren, auf die Pannacotta setzen und den Zitrusfruchtsalat mit auf den Desserttellern anrichten.

Holunderblütengelee mit Erdbeeren

Für 4 Portionen

FÜR DAS GELEE 300 g aromatische Erdbeeren * 2 ½ Blatt Gelatine * 20 ml Cointreau * 3–4 Minzeblätter * 125 ml Holunderblütensirup

FÜR DIE EIERLIKÖR-CREME 150 g Crème fraîche * 100 ml Eierlikör * 25 g Puderzucker

AUSSERDEM Terrinenform, 400 ml Inhalt

1 FÜR DAS GELEE die Erdbeeren waschen, trocken tupfen, putzen und in Stücke schneiden. Die Gelatine in kaltem Wasser einweichen. Die Terrinenform mit passend zurechtgeschnittener Folie auskleiden.

2 DEN COINTREAU leicht erwärmen. Die Gelatine ausdrücken und unter Rühren darin auflösen. Die Minzeblättchen in feine Streifen schneiden. Den Holunderblütensirup in eine Schüssel geben, die aufgelöste Gelatine dazugeben und unterrühren. Die Minzestreifen und die Erdbeeren unter die Sirupmischung heben.

3 DIE GELEEMISCHUNG in die Terrinenform füllen, die Oberfläche glatt streichen. Das Gelee mit Folie abdecken und im Kühlschrank in 6 Stunden fest werden lassen.

4 FÜR DIE EIERLIKÖR-CREME die Crème fraîche mit dem Eierlikör und dem Puderzucker zu einer glatten Creme verrühren.

5 ZUM SERVIEREN das Holunderblütengelee in Scheiben schneiden und mit je etwas Eierlikörcreme auf 4 Desserttellern anrichten.

UNSER TIPP Zum Holunderblütengelee ein Rhabarbersorbet servieren. Dafür 600 g möglichst rosafarbenen Rhabarber schälen und in grobe Stücke schneiden. Mit 100 g Zucker vermischt 2 Stunden Saft ziehen lassen. Dann den Rhabarber weich kochen, pürieren und abkühlen lassen. 500 g Rhabarberpüree abwiegen, mit 270 g Läuterzucker (s. S. 15) und dem Saft von 1 Zitrone vermischen und in der Eismaschine zu Sorbet gefrieren lassen.

Pfirsiche mit Lavendel und Vanilleparfait

***

Für 4 Portionen

FÜR DAS VANILLEPARFAIT 1 Blatt Gelatine * 150 g weiße Kuvertüre * 1 Ei * 1 Eigelb * 30 g Zucker * ausgeschabtes Mark von 1 Vanilleschote * 20 ml Pfirsichlikör, ersatzweise Kirschlikör * 300 g Sahne
FÜR DIE PFIRSICHE 3 aromatische, nicht zu weiche Pfirsiche * 1 l Wasser * 400 g Zucker * ½ Vanilleschote * 1 TL getrocknete Lavendelblüten
FÜR DEN SCHOKOLADENCRUNCH 50 g Kakaonibs (Bezugsquelle s. S. 126) * 1 g Pektin (Bezugsquelle s. S. 126) * 70 g Zucker * 60 g Butter * 20 g Glukose (Bezugsquelle s. S. 126)
AUSSERDEM Eisform, 20 × 22 cm * Mullsäckchen (Bezugsquelle s. S. 126) * Ausstechringe, ø 6 cm und ø 10 cm

1 FÜR DAS VANILLEPARFAIT die Gelatine in kaltem Wasser einweichen. Die Kuvertüre hacken und über dem Wasserbad schmelzen. Ei, Eigelb und Zucker aufschlagen, bis sich der Zucker aufgelöst hat. Das Vanillemark dazugeben. Den Likör leicht erwärmen, die Gelatine ausdrücken und unter Rühren im Likör auflösen. Die Gelatine unter die Eimischung rühren und die Kuvertüre unterheben. Die Sahne steif schlagen und unterheben. Die Vanillemasse in die Eisform füllen und im Gefrierfach 4 Stunden gefrieren lassen.

2 DIE PFIRSICHE mit kochendem Wasser überbrühen, die Haut abziehen. Die Früchte halbieren und entsteinen. Das Wasser mit dem Zucker aufkochen. Die Vanilleschote aufschlitzen, mit den Lavendelblüten in ein Mullsäckchen geben und verschließen. Zum Zuckerwasser geben und mit aufkochen. Die Pfirsichhälften im Zuckerwasser 5–10 Minuten pochieren, bis sie gar, aber noch bissfest sind. Dann herausnehmen, abtropfen lassen und in Spalten schneiden.

3 FÜR DEN SCHOKOLADENCRUNCH den Backofen auf 170 °C vorheizen, ein Backblech mit Backpapier belegen. Die Kakaonibs im Mörser nicht zu fein zerstoßen. Das Pektin mit dem Zucker mischen. Die Butter und die Glukose in eine kleine Stielkasserolle geben und schmelzen lassen. Zucker und Kakaonibs unterrühren. Die Masse zwischen 2 Lagen Backpapier dünn ausrollen, dann das obere Backpapier abziehen. Die Masse im vorgeheizten Backofen 10 Minuten backen, aus dem Backofen nehmen und noch warm in Stücke schneiden und in Form biegen.

4 ZUM SERVIEREN vom Parfait mit den Ausstechringen bogenförmige Stücke ausstechen. Die Pfirsichspalten mit den Parfaitstücken auf 4 Desserttellern anrichten und mit dem Schokoladencrunch garnieren.

Kokos-Apfel-Küchlein mit Himbeersauce

*

Für 4 Portionen

FÜR DIE KÜCHLEIN 50 g Mehl * 50 g Kokosflocken * 50 g Butter * 2 säuerliche, mürbe Äpfel * 2 Eier * 75 g Zucker
FÜR DIE HIMBEERSAUCE 250 g TK-Himbeeren * 20 g Zucker
AUSSERDEM Butter und Zucker für die Förmchen * frische Himbeeren zum Garnieren
4 Souffléförmchen, ø 8 cm

1 FÜR DIE KÜCHLEIN das Mehl sieben und mit den Kokosflocken mischen. Die Butter schmelzen und abkühlen lassen. Die Äpfel schälen, vierteln, die Kerngehäuse entfernen und die Äpfel in kleine Stückchen schneiden. Die Förmchen mit Butter ausfetten und mit Zucker ausstreuen. Den Backofen auf 170 °C vorheizen.

2 DIE EIER mit dem Zucker sehr schaumig schlagen. Die Kokos-Mehl-Mischung unterheben und die flüssige Butter darunterziehen. Die Apfelstückchen ebenfalls unterheben. Den Teig in die Förmchen füllen und im vorgeheizten Backofen auf der mittleren Schiene 25 Minuten backen.

3 FÜR DIE SAUCE die Himbeeren antauen lassen, den Zucker hinzugeben und pürieren. Die Himbeeren durch ein feines Sieb passieren. Die Kokos-Apfel-Küchlein nach dem Backen auf Dessertteller stürzen und noch warm mit der kalten Himbeersauce und frischen Himbeeren garniert servieren.

UNSER TIPP Dieses Dessert lässt sich gut vorbereiten und in der Mikrowelle aufwärmen. Statt Himbeeren passen für die Sauce auch Brombeeren, rote Johannisbeeren oder Sanddorn sehr gut zu den Kokos-Apfel-Küchlein.

Crème brûlée mit Tonkabohnen und Blutorangeneis

✻✻

Für 4 Portionen
FÜR DIE CRÈME BRÛLÉE ½ Tonkabohne ✻ 300 g Sahne ✻
3 Mandarinen ✻ 5 Eigelb ✻ 30 g Zucker ✻ 50 g brauner Zucker
FÜR DAS BLUTORANGENEIS 400 ml frisch gepresster Blutorangensaft ✻
fein abgeriebene Schale von ½ Bio-Orange ✻ 4 Eigelb ✻ 80 g Zucker ✻
30 g Grenadinesirup ✻ 130 g Butter
AUSSERDEM dunkle Kuvertüre zum Garnieren
4 ofenfeste Förmchen, ø 12 cm

1 FÜR DIE CRÈME BRÛLÉE die Tonkabohne fein reiben und mit der Sahne aufkochen. Vom Herd nehmen, mit Folie abdecken und 1 Stunde ziehen lassen.

2 DIE MANDARINEN mit einem scharfen Messer so schälen, dass die weiße Haut mit entfernt wird. Die Filets vorsichtig aus den Spalten lösen, eventuell vorhandene Kerne entfernen. Die Böden der Förmchen mit den Mandarinenfilets auslegen.

3 DEN BACKOFEN auf 120 °C vorheizen. Die Eigelbe mit dem weißen Zucker schaumig rühren, die Sahne dazugeben und glatt unterrühren. Alles durch ein feines Sieb passieren und in die Förmchen gießen. Die Förmchen in ein tiefes Backblech setzen und kochend heißes Wasser bis etwa 2 cm unter den Förmchenrand hineingießen. Die Creme im vorgeheizten Backofen 50–60 Minuten pochieren. Aus dem Wasserbad nehmen, abkühlen lassen und 2 Stunden im Kühlschrank fest werden lassen.

4 FÜR DAS EIS den Blutorangensaft mit der Orangenschale aufkochen, durch ein sehr feines Sieb oder durch ein Tuch passieren und noch einmal aufkochen. Die Eigelbe mit dem Zucker aufschlagen, den kochenden Saft dazugießen und unterrühren. Den Grenadinesirup ebenfalls unterrühren. Die Eismasse in den Mixbecher der Küchenmaschine geben und aufschlagen. Die Butter in Stückchen schneiden und nach und nach dazugeben. Die abgekühlte Masse in die Eismaschine geben und etwa 1 Stunde gefrieren lassen.

5 FÜR DIE SCHOKOLADENSTREIFEN Kuvertüre temperieren, auf etwa 6 cm breite Gefrierbeutelstreifen streichen und leicht anziehen lassen. Streifen in eine Terrinenform legen, Kuvertüre fest werden lassen.

6 ZUM SERVIEREN die Crèmes brûlées mit dem braunen Zucker bestreuen, Zucker mit dem Bunsenbrenner karamellisieren. Je 1 Nocke Eis auf die Schokostreifen setzen und mit der Creme auf Desserttellern anrichten.

HEIMWEH-DESSERTS

Mmhhhh, wie es duftet, wenn
der Schmarrn in der Pfanne brutzelt oder
der Schokoladenpudding im Topf köchelt!
Ein Kapitel voller Desserts, die an zu Hause
erinnern und einfach nur glücklich machen!

Grießflammeri mit Rhabarber-Erdbeer-Kompott

Für 4 Portionen

FÜR DIE MANDELHIPPEN 80 g flüssige Butter * 65 g Zucker * 30 g Mehl * 30 g geschälte, gehackte Mandeln * ¼ TL fein abgeriebene Bio-Orangenschale
FÜR DAS KOMPOTT 50 g Zucker * 50 ml Wasser * 400 g Rhabarber * 1 EL TK-Himbeeren * 200 g Erdbeeren
FÜR DEN GRIESSFLAMMERI 30 g gehobelte Mandeln * 2 ½ Blatt Gelatine * 200 ml Milch * 40 g Zucker * ausgeschabtes Mark von ½ Vanilleschote * 25 g Weichweizengrieß * 2 Eigelb * 10 ml Amaretto * 1 Prise fein abgeriebene Bio-Zitronenschale * 200 g Sahne
AUSSERDEM Auflaufform * 4 Förmchen, 120 ml Inhalt

1 FÜR DIE MANDELHIPPEN alle Zutaten verrühren und zugedeckt 1 Stunde ruhen lassen. Den Backofen auf 180 °C vorheizen, ein Backblech mit Backpapier belegen. Den Teig mit großem Abstand in Häufchen auf das Backblech setzen und im vorgeheizten Backofen auf Sicht 6–8 Minuten goldbraun backen. Das Backpapier vom Backblech ziehen und die Hippen darauf abkühlen lassen.

2 FÜR DAS KOMPOTT inzwischen den Zucker mit Wasser zu Läuterzucker kochen und abkühlen lassen. Den Rhabarber schälen, in kleine Rauten schneiden und in eine Auflaufform geben. Dazwischen die Himbeeren verteilen. Mit Läuterzucker beträufeln, mit Alufolie abdecken und im heißen Backofen 10–15 Minuten garen. Herausnehmen, Alufolie entfernen und den Rhabarber abkühlen lassen. Die Erdbeeren waschen, trocken tupfen, putzen und halbieren oder vierteln. Die Hälfte des Rhabarbers mitsamt der Garflüssigkeit pürieren, mit den Rhabarberstücken und den Erdbeeren vermischen.

3 FÜR DEN GRIESSFLAMMERI Mandeln in einer trockenen Pfanne goldbraun rösten, dann abkühlen lassen. Gelatine in kaltem Wasser einweichen. Milch mit Zucker, Vanillemark und Grieß aufkochen und 2–3 Minuten ausquellen lassen. Vom Herd nehmen und die Eigelbe unterrühren. Gelatine ausdrücken, im heißen Brei auflösen und abkühlen lassen. Amaretto und Zitronenschale unterrühren. Sahne steif schlagen, mit den gerösteten Mandeln unter den Grieß heben und in die Förmchen füllen. Abgedeckt im Kühlschrank fest werden lassen.

4 ZUM SERVIEREN nach Belieben die Förmchen bis knapp unter den Rand kurz in heißes Wasser tauchen, den Flammeri auf Dessertteller stürzen. Mit den Mandelhippen garnieren und mit dem Kompott servieren.

Marillenknödel mit Butterbröseln

**

Für 4 Portionen

FÜR DIE MARILLENKNÖDEL 250 ml Wasser * 60 g Butter * 80 g Zucker * 1 Prise Salz * 250 g Mehl * fein abgeriebene Schale von 1 Bio-Zitrone * 1 Ei * 12 kleine feste, aber reife Marillen (Aprikosen) * 12 Stück Würfelzucker * 30 ml Marillenbrand * 1 Zimtstange * ½ Bio-Zitrone

FÜR DIE BUTTERBRÖSEL 200 g Butter * 100 g Biskuitbrösel * 30 g Zucker * 1 Prise gemahlener Zimt * ½ TL fein abgeriebene Bio-Zitronenschale

AUSSERDEM Mehl zum Ausrollen * Puderzucker zum Bestreuen

1 FÜR DIE MARILLENKNÖDEL das Wasser mit der Butter, 30 g Zucker und dem Salz aufkochen. Das Mehl auf einmal dazugeben und so lange rühren, bis sich ein Teigkloß gebildet und ein weißer Film auf dem Topfboden abgesetzt hat. Den Teig in eine Schüssel geben und etwas abkühlen lassen. Dann Zitronenschale und Ei zugeben und unterarbeiten.

2 DIE MARILLEN waschen, trocken tupfen und je an einer Seite aufschneiden, ohne sie durchzuschneiden. Die Steine vorsichtig herauslösen. Den Teig auf einer leicht bemehlten Arbeitsfläche zu einer Rolle formen und in 12 Scheiben schneiden. Jede Scheibe breit drücken. Je 1 Zuckerwürfel in den Marillenbrand tauchen und in je 1 Marille stecken, die Marillen mit dem Teig umhüllen und zu einem glatten Knödel formen.

3 FÜR DIE BUTTERBRÖSEL die Butter in einer großen Pfanne aufschäumen. Die Biskuitbrösel dazugeben, unterrühren und so lange unter Rühren braten, bis sie braun und knusprig sind. Die Brösel abkühlen lassen. Danach den Zucker, den Zimt und die Zitronenschale unterrühren.

4 IN EINEM GROSSEN TOPF 3 l Wasser mit 50 g Zucker, der Zimtstange und der leicht angedrückten halben Bio-Zitrone aufkochen. Die Marillenknödel hineinlegen und siedend garen, bis sie nach oben schwimmen. Die Marillenknödel herausnehmen und in den Butterbröseln wälzen.

5 ZUM SERVIEREN die Marillenknödel auf vorgewärmten Desserttellern anrichten und mit etwas Puderzucker bestreut servieren.

Schokoladen-Ingwer-Pudding mit Kumquat-Ragout

**

Für 4 Portionen

FÜR DAS KUMQUAT-RAGOUT 300 g Kumquats * 80 g Orangensaft * 50 g Zucker * ½ Zimtstange * ausgeschabtes Mark von ½ Vanilleschote * 1 EL Speisestärke * 3 EL kaltes Wasser

FÜR DEN PUDDING 80 g dunkle Kuvertüre * 80 g Butter * 70 g Zucker * 3 Eigelb * 1 EL in Sirup eingelegter Ingwer * 40 g gemahlene Haselnüsse * 20 ml Rum * 2 Eiweiß

AUSSERDEM Butter und Zucker für die Förmchen * Granatapfelkerne zum Garnieren

4 Souffléförmchen, 120 ml Inhalt

1 FÜR DAS KUMQUAT-RAGOUT die Kumquats waschen, trocken tupfen und in nicht zu feine Stücke schneiden, dabei die Kerne entfernen. Den Orangensaft mit dem Zucker und den Gewürzen aufkochen. Die Kumquatstücke dazugeben und alles etwa 10 Minuten köcheln lassen. Die Speisestärke in dem kalten Wasser anrühren, zu den Kumquats geben, aufkochen und binden lassen. Die Zimtstange herausnehmen und das Ragout abkühlen lassen.

2 FÜR DEN PUDDING die Kuvertüre fein reiben. Den Backofen auf 160 °C vorheizen. Die Butter mit 30 g Zucker schaumig schlagen. Die Eigelbe nach und nach unterschlagen. Den Ingwer in kleine Stücke schneiden, mit den Nüssen, dem Rum und der Kuvertüre unter die Eigelb-Butter-Masse ziehen.

3 DIE EIWEISSE mit dem restlichen Zucker zu steifem Schnee schlagen und unter die Schokoladenmasse heben. Die Souffléeförmchen mit Butter fetten, mit Zucker ausstreuen und die Puddingmasse hineinfüllen. Die Förmchen in ein tiefes Backblech stellen. Bis kurz unter den Förmchenrand kochend heißes Wasser hineingießen und den Pudding im vorgeheizten Backofen 40 Minuten garen.

4 ZUM SERVIEREN den warmen Pudding aus den Förmchen auf Dessertteller stürzen und das Kumquat-Ragout mit anrichten. Mit Granatapfelkernen garnieren.

Kaiserschmarrn mit Zwetschgenröster

**

Für 4 Portionen

FÜR DEN ZWETSCHGENRÖSTER 500 g Zwetschgen * ½ Zimtstange * 3 Gewürznelken * 100 ml Wasser * 100 g Gelierzucker 2:1 * Saft von ½ Zitrone
FÜR DEN KAISERSCHMARRN 30 g Rosinen * 1 EL Rum * 190 ml Milch * 90 g Mehl * 3 Eigelb * ausgeschabtes Mark von ½ Vanilleschote * 1 TL fein abgeriebene Bio-Zitronenschale * 3 Eiweiß * 25 g Zucker * 1 Prise Salz * 60 g Butter
AUSSERDEM Butter und Puderzucker zum Karamellisieren und Bestreuen Mullsäckchen (Bezugsquelle s. S. 126)

1 FÜR DEN ZWETSCHGENRÖSTER die Zwetschgen waschen, trocken tupfen, halbieren und entsteinen. Die Zimtstange und die Nelken in ein Mullsäckchen geben. Das Wasser mit dem Gelierzucker, dem Zitronensaft und den Gewürzen aufkochen. Die Zwetschgen dazugeben und nicht zu weich dünsten. In eine Schüssel geben und abkühlen lassen.

2 FÜR DEN KAISERSCHMARRN am Vortag die Rosinen im Rum einweichen. Die Milch mit dem Mehl, den Eigelben, dem Vanillemark und der Zitronenschale zu einem glatten Teig verrühren. Die Eiweiße mit Zucker und Salz zu festem Schnee aufschlagen. Den Eischnee unter den Teig heben.

3 DEN BACKOFEN auf 180 °C vorheizen. Die Butter in einer 30 cm großen ofenfesten Pfanne erhitzen (ersatzweise in 2 Portionen in einer Pfanne mit ø 24 cm arbeiten). Den Teig in die Pfanne geben und die Rosinen darüberstreuen. Den Teig mit geschlossenem Deckel anbacken, wenden und ohne Deckel im vorgeheizten Backofen in 6–10 Minuten fertig backen.

4 DEN KAISERSCHMARRN aus dem Backofen nehmen, mit 2 Gabeln in Stücke reißen und in der Pfanne ein bisschen zur Seite schieben. Etwas Butter auf die freie Fläche in der Pfanne geben, Puderzucker daraufgeben und karamellisieren lassen. Den Schmarrn kurz darin schwenken, auf 4 vorgewärmte Teller geben und mit Puderzucker bestreuen. Mit dem Zwetschgenröster servieren.

Brombeercrumble mit Haselnüssen

*

Für 4 Portionen

30 g gehobelte Haselnüsse * 80 g weiche Butter * 40 g brauner Zucker * 50 g Mehl * fein abgeriebene Schale von ½ Bio-Zitrone * 1 Msp. gemahlene Muskatblüte * 250 g Brombeeren * 2–4 TL Zucker nach Wunsch

AUSSERDEM Puderzucker zum Bestreuen * Brombeeren und Minzeblättchen zum Garnieren

4 ofenfeste Gläser, 200 ml Inhalt

1 DIE GEHOBELTEN HASELNÜSSE in einer trockenen Pfanne goldbraun rösten. Auf einen Teller geben und abkühlen lassen.

2 DIE BUTTER, den braunen Zucker, das Mehl, die gerösteten Haselnüsse, die Zitronenschale und die Muskatblüte in eine Schüssel geben und zügig zu Streuseln verarbeiten. Die Streusel auf ein Backblech geben und kalt stellen.

3 DEN BACKOFEN auf 180 °C vorheizen. Die Brombeeren waschen, trocken tupfen, in 4 ofenfeste Gläser verteilen und nach Wunsch und Reifegrad mit etwas Zucker bestreuen. Die Streusel auf den Brombeeren verteilen. Den Crumble im vorgeheizten Backofen auf Sicht in etwa 15 Minuten goldbraun backen.

4 DEN CRUMBLE aus dem Backofen nehmen. Jede Portion mit etwas Puderzucker bestreuen, mit Brombeeren und Minzeblättchen garnieren und noch ofenwarm servieren.

UNSER TIPP Den Brombeercrumble ofenwarm mit cremigem Vanille- oder Topfeneis (s. S. 29) servieren. Ein Gedicht!

Quarkkeulchen mit Apfelmus

*

Für 4 Portionen

FÜR DAS APFELMUS 3–4 Boskop-Äpfel * 2–3 EL Zucker nach Geschmack * gemahlener Zimt nach Geschmack * fein abgeriebene Bio-Zitronenschale nach Geschmack

FÜR DIE QUARKKEULCHEN 300 g mehligkochende Kartoffeln * 100 g Mehl * 150 g Magerquark * 25 g Zucker * 1–2 Eier * 30 g Rosinen * 1 Prise Salz * ¼ TL fein abgeriebene Bio-Zitronenschale

AUSSERDEM Butterschmalz zum Braten * Puderzucker zum Bestreuen

1 FÜR DAS APFELMUS die Äpfel schälen, entkernen und in Stücke schneiden. Mit wenig Wasser in einen Topf geben, weich kochen und zum Pürieren durch die Flotte Lotte drehen oder durch ein Sieb streichen. Das Apfelmus mit Zucker, Zimt und Zitronenschale abschmecken.

2 FÜR DIE QUARKKEULCHEN die Kartoffeln am Vortag waschen und mit reichlich Wasser bedeckt kochen. Kartoffeln abgießen, pellen und gut ausdampfen lassen.

3 DIE KARTOFFELN durch die Kartoffelpresse in eine Schüssel drücken. Das Mehl, den Quark, den Zucker, Ei, die Rosinen, das Salz und die Zitronenschale hinzugeben und alles zu einem glatten, nicht mehr klebrigen Teig verarbeiten.

4 AUS DEM KARTOFFELTEIG kleine flache Klößchen von 7–8 cm formen. Dann das Butterschmalz in einer großen Pfanne erhitzen und die Quarkkeulchen darin von beiden Seiten goldbraun braten. Auf 4 vorgewärmte Dessertteller geben, mit etwas Puderzucker bestreuen und mit dem Apfelmus sofort servieren.

UNSER TIPP Sollte der Teig zu weich geworden sein, noch etwas Grieß unterarbeiten. Jedoch nur sparsam zugeben, damit die Keulchen nicht zu kompakt werden.

Tiramisu mit Mandelbiskuit

*

Für 8 Portionen

FÜR DEN BISKUIT 5 Eigelb * 125 g Zucker * 5 Eiweiß * 90 g fein gemahlene, geschälte Mandeln * 80 g Mehl * 50 g flüssige Butter

FÜR DIE CREME 2 Blatt Gelatine * 20 ml Amaretto * 4 sehr frische Eigelb * ausgeschabtes Mark von ½ Vanilleschote * 70 g Zucker * 250 g Mascarpone * 250 g Sahne

FÜR DIE TRÄNKE 100 ml kalter Espresso * 50 ml Amaretto * 50 ml Weinbrand

AUSSERDEM Kakaopulver zum Bestreuen
Silikon-Backmatte * Backrahmen, 20 × 18 cm

1 FÜR DEN BISKUIT den Backofen auf 210 °C vorheizen. Die Eigelbe mit 70 g Zucker weißschaumig aufschlagen. Die Eiweiße mit dem restlichen Zucker zu steifem Schnee schlagen. Den Eischnee unter die Eigelbmasse heben. Die Mandeln und das Mehl ebenfalls unterheben und die flüssige Butter unterziehen. Den Teig etwa 1 ½ cm dick auf einer Backmatte zu einem Rechteck verstreichen und im vorgeheizten Backofen 8 Minuten backen. Herausnehmen und auf einem Gitter abkühlen lassen.

2 FÜR DIE CREME die Gelatine in kaltem Wasser einweichen. Den Amaretto ganz leicht erwärmen, die Gelatine ausdrücken und im Amaretto auflösen. Die Eigelbe mit der Vanille und dem Zucker aufschlagen. Erst den Mascarpone dazugeben und unterschlagen, dann die aufgelöste Gelatine. Die Sahne steif schlagen und unter die Mascarponecreme heben.

3 DEN BACKRAHMEN auf Backpapier stellen. Für die Tränke den Espresso mit dem Amaretto und dem Weinbrand mischen. Den Biskuitboden waagerecht halbieren und eine Hälfte in den Backrahmen legen. Mit der Tränke beträufeln und die Hälfte der Creme einfüllen. Den zweiten Biskuitboden darauflegen und mit der restlichen Tränke beträufeln. Die restliche Creme daraufstreichen und das Tiramisu mit Kakaopulver bestreuen. Zugedeckt im Kühlschrank 4–5 Stunden durchziehen lassen, dann in Stücke schneiden und servieren. Wer mag, kann das Tiramisu noch mit klein geschnittenen Früchten garnieren.

Mecklenburger Grütze

*

Für 4 Portionen

200 g Sauerkirschen, frisch oder TK * 40 ml Wasser * 80 g Zucker * fein abgeriebene Schale von ½ Bio-Zitrone * 10 g Speisestärke * 3 EL Wasser * 150 g Schwarzbrot ohne Rinde * 20 g Butter * 150 g Sahne * 1 Prise gemahlene Zimtblüte

AUSSERDEM Kirschen und Schokoladenornamente (s. S. 16) zum Garnieren

1 DIE FRISCHEN KIRSCHEN waschen, trocken tupfen und entsteinen. Die TK-Kirschen antauen lassen. Die Kirschen mit dem Wasser, 40 g Zucker und der abgeriebene Zitronenschale aufkochen. Die Speisestärke in dem kalten Wasser auflösen, zu den Kirschen geben und alles einmal aufkochen, bis die Stärke bindet. Die Kirschen abkühlen lassen.

2 DAS SCHWARZBROT zerkrümeln. Die Butter in einer Pfanne aufschäumen, die Schwarzbrotkrümel darin rundum anbraten. 20 g Zucker darüberstreuen und unterheben.

3 DIE SAHNE steif schlagen, mit dem restlichen Zucker und der gemahlenen Zimtblüte abschmecken. Die Kirschen abwechselnd mit den Schwarzbrotkrümeln und der Sahne in 4 Dessertgläser schichten, zuoberst einen Klecks Sahne setzen. Die Mecklenburger Grütze mit Kirschen und Schokoladenornamenten garniert servieren.

UNSER TIPP Schwarzbrot, wie wir es aus unserer Heimat kennen, ist ein dunkles, kompaktes Vollkornbrot, das in dünne Scheiben geschnitten wird. Es ähnelt dem Pumpernickel, ist aber nicht so süß. Wer Pumpernickel als Ersatz für das Schwarzbrot verwenden möchte, sollte daher den Zucker beim Anrösten weglassen.

MIT SCHOKOLADE, NUSS UND KARAMELL

*Schön süß und rund, mal knackig, mal cremig,
die Dessertkreationen in diesem Kapitel
sind kaum zu toppen. Liebevoll angerichtet,
erinnern sie an kostbare Pralinen –
zum Genießen fast zu schön!*

Schokoladen-Soufflé mit Maroneneis und Rotweinpflaumen

**

Für 4 Portionen

FÜR DIE ROTWEINPFLAUMEN 250 ml Rotwein * 50 ml schwarzer Tee * ½ Zimtstange * je 4 cm Bio-Zitronen- und Bio-Orangenschale * 120 g ungeschwefelte Backpflaumen * 1 TL Speisestärke

FÜR DAS MARONENEIS 250 ml Milch * 130 g Zucker * ausgeschabtes Mark von 1 Vanilleschote * 5 Eigelb * 20 ml Kirschwasser * 250 g gesüßtes Maronenmark (aus der Dose)

FÜR DAS SOUFFLÉ 120 g dunkle Kuvertüre * 60 g Butter * 5 Eigelb * 4 Eiweiß * 1 Prise Salz * 60 g Zucker

AUSSERDEM Butter und Zucker für die Förmchen
4 Souffléförmchen, 120 ml Inhalt

1 FÜR DIE ROTWEINPFLAUMEN den Rotwein aufkochen und auf zwei Drittel einkochen lassen. Tee, Zimtstange sowie Zitronen- und Orangenschale dazugeben, alles einmal aufkochen und vom Herd nehmen. Die Backpflaumen hineinlegen und zugedeckt mindestens 1 Tag, besser allerdings 2–3 Tage durchziehen lassen.

2 FÜR DAS EIS Milch, Zucker, Vanillemark und Eigelbe in einer Schüssel über dem Wasserbad vermischen und unter ständigem Rühren so lange erhitzen, bis die Masse leicht andickt. Die Mischung vom Wasserbad nehmen und das Kirschwasser und das Maronenmark hinzugeben. Alles gründlich verrühren und abkühlen lassen. Dann in der Eismaschine gefrieren lassen.

3 FÜR DAS SOUFFLÉ die Förmchen mit Butter fetten und mit Zucker ausstreuen. Den Backofen auf 250 °C vorheizen. Die Kuvertüre hacken. Die Butter mit der Kuvertüre über dem Wasserbad schmelzen. Vom Wasserbad nehmen und die Eigelbe unterrühren. Die Eiweiße mit dem Salz und dem Zucker steif schlagen und unter die Schokoladenmasse ziehen.

4 DIE SOUFFLÉMASSE in die Förmchen füllen und diese ein- bis zweimal auf die Arbeitsfläche klopfen, damit große Luftblasen entweichen. Etwa 2 l kochendes Wasser in eine Fettpfanne gießen, die Förmchen hineinsetzen. Das Soufflé im vorgeheizten Backofen ca. 14 Minuten garen, dabei den Backofen nicht öffnen. Die Soufflés sind fertig, wenn sie gut hochgegangen sind und leicht Farbe angenommen haben.

5 DIE PFLAUMEN abgießen. Die Speisestärke in etwas Wasser anrühren und den Sud damit binden. Je 1 Nocke Maroneneis mit einigen Pflaumen und etwas Sud in Dessertschälchen anrichten, die noch heißen Soufflés dazusetzen und alles sofort servieren.

Nuss-Schnitte mit Quittenmousse

**

Für 12 Portionen

FÜR DAS QUITTENKOMPOTT 4 Quitten * 400–500 ml Wasser * 140 g Zucker * ausgeschabtes Mark von 1 Vanilleschote * 1 Zimtstange * 1 Sternanis * dünn abgeschnittene breite Bio-Zitronenschalenstreifen

FÜR DEN KAKAOBISKUIT 2 Eier * 55 g Zucker * 1 Prise Salz * 10 g dunkles Kakaopulver * 30 g Mehl * 15 g Speisestärke * 15 ml Öl

FÜR DIE NUSSMOUSSE 3 Blatt Gelatine * 40 g schnittfestes Haselnussnougat * 50 karamellisierte Haselnüsse (s. S. 19) * 1 Eigelb * 1 Ei * ausgeschabtes Mark von ½ Vanilleschote * 30 g Zucker * 300 g Sahne

FÜR DIE QUITTENMOUSSE 3 Blatt Gelatine * 150 g saure Sahne * 75 g Zucker * 300 g Sahne

AUSSERDEM gezuckerte lila Hornveilchen (s. S. 19) zum Garnieren
Backrahmen, 18 × 28 cm

1 FÜR DAS KOMPOTT die Quitten vierteln, schälen, entkernen und knapp 1 cm groß würfeln. Mit den restlichen Zutaten zugedeckt bei mittlerer Hitze in 15–20 Minuten zu einem Kompott kochen, abkühlen lassen und die Gewürze entfernen. Die Hälfte des Quittenkompotts pürieren und passieren.

2 FÜR DEN KAKAOBISKUIT den Backofen auf 180 °C vorheizen, ein Backblech mit Backpapier belegen, den Backrahmen daraufsetzen. Die Eier mit Zucker und Salz aufschlagen. Kakao, Mehl und Speisestärke darübersieben und unterheben. Das Öl langsam unterziehen. Den Teig in den Backrahmen geben und im vorgeheizten Backofen 8–10 Minuten backen. Den Rahmen lösen, abwaschen und auf ein mit Backpapier belegtes Tablett setzen. Den Biskuit abkühlen lassen und in den Backrahmen legen.

3 FÜR DIE NUSSMOUSSE die Gelatine in kaltem Wasser einweichen. Das Nougat über dem Wasserbad schmelzen, die Nüsse grob hacken. Eigelb und Ei mit Vanillemark und Zucker schaumig schlagen. Die Gelatine tropfnass in einem kleinen Topf bei mäßiger Hitze schmelzen, unter die Eimasse ziehen. Das Nougat und die Nüsse unterrühren und die Masse erkalten lassen. Die Sahne steif schlagen und ebenfalls unterheben. Die Nussmousse auf den Biskuitboden streichen und in 1–2 Stunden fest werden lassen.

4 FÜR DIE QUITTENMOUSSE die Gelatine in kaltem Wasser einweichen. Das passierte Quittenpüree mit saurer Sahne und Zucker glatt rühren. Die Gelatine tropfnass in einem kleinen Topf bei mäßiger Hitze schmelzen, unter die Quittenmasse rühren. Die Sahne steif schlagen und unterheben. Die Quittenmousse auf die Nussmousse geben, glatt streichen und in 3–4 Stunden fest werden lassen.

5 ZUM SERVIEREN die Mousse in 12 Stücke schneiden, auf Desserttellern anrichten und mit gezuckerten Hornveilchen garnieren. Das Quittenkompott dazu reichen.

Knusperblätter mit Karamellcreme und Feigen

***

Für 6 Portionen

FÜR DIE EINGELEGTEN FEIGEN 50 g Honig * ½ Rosmarinzweig * 45 ml Aceto Balsamico * 90 ml roter Portwein * 350 ml Rotwein * 90 g Zucker * 9 frische Feigen * 20 g Speisestärke

FÜR DIE KARAMELLCREME 1 Blatt Gelatine * 140 g Zucker * 25 ml heißes Wasser * 3 Eigelb * 35 g Speisestärke * 250 ml Milch * ausgeschabtes Mark von ¼ Vanilleschote * 60 g Crème double * 1 Prise Fleur de Sel

FÜR DIE KNUSPERBLÄTTER 2 Lagen TK-Blätterteig

AUSSERDEM 3 EL Zucker zum Bestreuen * Schokoladenornamente (s. S. 16) und geschlagene Sahne zum Garnieren

1 FÜR DIE FEIGEN den Honig mit Rosmarin erhitzen, mit Essig ablöschen und sirupartig einkochen. Portwein, Rotwein und Zucker dazugeben, aufkochen und auf die Hälfte reduzieren. Feigen waschen, 3–5 Minuten in dem Sud pochieren, darin erkalten lassen, herausnehmen und sechsteln. Speisestärke in etwas Wasser anrühren und den Sud damit andicken.

2 FÜR DIE CREME die Gelatine in kaltem Wasser einweichen. 120 g Zucker in einer Stielkasserolle karamellisieren, mit dem heißen Wasser ablöschen. Die Eigelbe mit dem restlichen Zucker aufschlagen und die Speisestärke einrühren. Milch mit Vanillemark aufkochen und die Hälfte mit der Eimischung glatt rühren.

3 DIE EIMISCHUNG durch ein feines Sieb zur restlichen Milch gießen und den Karamell dazugeben. Alles aufkochen und 5–6 Minuten bei mittlerer Hitze köcheln lassen. Vom Herd nehmen, Gelatine tropfnass unterrühren. Die Creme in einer Schüssel auskühlen lassen, dabei gelegentlich umrühren. Crème double aufschlagen und mit dem Salz unterheben. 30 Minuten im Kühlschrank ruhen lassen.

4 FÜR DIE KNUSPERBLÄTTER den Backofen auf 190 °C vorheizen. Den Blätterteig auf leicht mit Zucker bestreutes Backpapier legen, die Oberseite auch mit Zucker bestreuen und den Teig auf 14 × 25 cm ausrollen. Eine 2. Lage Backpapier darauflegen, auf ein Backblech legen und mit einem Gitter beschweren. Den Blätterteig im vorgeheizten Backofen 8–10 Minuten backen. Umdrehen, oberes Backpapier abziehen und noch 2 Minuten nachbacken. Den Teig noch warm in Streifen von 4 × 12 cm schneiden.

5 ZUM SERVIEREN jeweils 2 Knusperblätter mit etwas Karamellcreme füllen. Obenauf ebenfalls etwas Creme geben und Feigen darauf arrangieren. Restliche Feigen und -sud dazu anrichten, mit Ornamenten und Sahnetupfen garnieren.

Schokoladenkuchen mit Blutorangenragout

*

Für 6 Portionen

FÜR DAS BLUTORANGENRAGOUT 5 Bio-Blutorangen * 40 ml Grenadinesirup * 40 ml Wasser * 20 g Zucker * 20 ml flüssiger Honig * ½ Zimtstange * ausgeschabtes Mark von ½ Vanilleschote * 10 g Speisestärke
FÜR DEN SCHOKOLADENKUCHEN 150 g dunkle Kuvertüre * 120 g Butter * 3 Eier * 75 g Zucker
AUSSERDEM Butter für die Form
Springform, ø 20 cm

1 FÜR DAS RAGOUT 1 Blutorange waschen, abtrocknen und die Schale in feinen Zesten abschneiden. Wasser aufkochen und die Zesten darin blanchieren, dann abgießen. Den Grenadinesirup und das Wasser erhitzen, die Zesten darin 5–8 Minuten bei mittlerer Hitze garen. Die Orangenschalenzesten vom Herd nehmen und abkühlen lassen.

2 ALLE BLUTORANGEN filetieren, den dabei austretenden Saft auffangen und in einen kleinen Topf geben. Den Saft mit dem Zucker, dem Honig und den Gewürzen aufkochen. Die Speisestärke in etwas Wasser anrühren, den Saft mit der Stärke binden. Die Zimtstange entfernen, die Orangenfilets und die Zesten dazugeben, vorsichtig untermischen und alles kalt stellen.

3 FÜR DEN SCHOKOLADENKUCHEN die Springform mit Butter fetten, den Backofen auf 180 °C vorheizen. Die Kuvertüre hacken und mit der Butter über dem Wasserbad schmelzen. Vom Wasserbad nehmen. Die Eier und den Zucker glatt rühren. Die Kuvertüre unterrühren, aber nicht schaumig schlagen. Die Masse in die Form füllen und im vorgeheizten Backofen 22–24 Minuten backen.

4 ZUM SERVIEREN den Kuchen noch sehr warm aus der Form lösen und in 6 Stücke schneiden. Auf Dessertteller setzen und mit dem Blutorangenragout anrichten. Den Kuchen noch warm servieren.

Montblanc mit Maronencreme und duftigem Baiser

**

Für 4 Portionen

FÜR DIE MERINGE 60 g Walnüsse * 60 g Puderzucker * 2 Eiweiß * 1 Prise Salz * 60 g Zucker * 20 g getrocknete Cranberrys
FÜR DAS CRANBERRY-RAGOUT 250 g frische Cranberrys * 50 g Zucker * 100 ml Rotwein * ½ Zimtstange * 10 g Speisestärke
FÜR DIE MARONENCREME 300 g gesüßtes Maronenpüree (aus der Dose) * 50 g Sahne * 10 ml Kirschwasser nach Wunsch
AUSSERDEM 4 Biskuittaler, ø 4 cm (s. S. 15)
spezielle Spritztülle mit mehreren Löchern oder Presse für Spaghettieis

1 FÜR DIE MERINGE den Backofen auf Umluft 90 °C vorheizen, ein Backblech mit Backpapier belegen. 40 g Walnüsse mit dem Puderzucker im Blitzhacker fein vermahlen. Die Eiweiße mit dem Salz zu festem Schnee schlagen, dabei nach und nach den Zucker unterschlagen. Die Puderzucker-Walnuss-Mischung portionsweise unterheben.

2 DIE MASSE in einen Spritzbeutel mit glatter Lochtülle füllen und an einer Seite 4 Kreise von je ø 8 cm auf das Backpapier spritzen. Die restliche Masse auf die andere Seite des Backpapiers streichen. Die restlichen Walnüsse und die getrockneten Cranberrys hacken und über die verstrichene Meringemasse streuen. Im vorgeheizten Backofen 1 Stunde mehr trocknen als backen. Dann herausnehmen und abkühlen lassen.

3 FÜR DAS CRANBERRY-RAGOUT die Beeren waschen und halbieren. Den Zucker in einer Stielkasserolle karamellisieren, den Rotwein, die Cranberrys und die Zimtstange dazugeben und alles offen 5 Minuten köcheln lassen. Die Speisestärke in etwas Wasser anrühren. Die Cranberrys damit leicht binden, dann abkühlen lassen.

4 FÜR DIE MARONENCREME das Maronenpüree mit der flüssigen Sahne glatt verrühren und nach Wunsch mit Kirschwasser abschmecken. Die Creme in einen Spritzbeutel mit Spezialtülle mit Löchern füllen.

5 ZUM ANRICHTEN die Biskuittaler jeweils auf die Meringeböden legen. Das Cranberry-Ragout daraufhäufen. Die Maronencreme darüber- und rundherum daraufspritzen. Die Baiserplatte grob brechen und die Maronencreme damit garnieren. Sofort servieren.

Schokoladenmousse mit Bergamotte und exotischen Früchten

*

Für 4 Portionen

FÜR DIE MOUSSE 1 Bergamotte * 300 g Sahne * 150 g dunkle Kuvertüre * 1 Ei * 1 Eigelb * 30 g Zucker * einige Tropfen natürliches Bergamotteöl (aus Bioladen oder Apotheke)
FÜR DIE EXOTISCHEN FRÜCHTE ½ vollreife Papaya * 1 Baby-Ananas * 1 vollreife Mango (idealerweise Flugmango) * 2 vollreife Passionsfrüchte * 2 Bio-Limetten * 70 ml Wasser * 70 g Zucker * ½ TL Pektin (Bezugsquelle s. S. 126)
AUSSERDEM 4 Schokoladenspiralen (s. S. 17)

1 FÜR DIE MOUSSE die Bergamotte heiß abwaschen, abtrocknen und die Schale sehr fein abreiben. Die Bergamottenschale und die Sahne aufkochen. Dann vom Herd nehmen und abkühlen lassen. Die Sahne zugedeckt über Nacht im Kühlschrank durchziehen lassen.

2 DIE KUVERTÜRE hacken und über dem Wasserbad schmelzen. Das Ei und das Eigelb mit dem Zucker so lange aufschlagen, bis sich der Zucker aufgelöst hat. Die Sahne durch ein feines Sieb passieren und aufschlagen. Die Kuvertüre zur Eimasse geben und unterziehen. Die Sahne zugeben und unterheben. Nach Geschmack mit einigen Tropfen Bergamotteöl zusätzlich aromatisieren. Die Mousse zugedeckt 2–3 Stunden kalt stellen.

3 FÜR DIE EXOTISCHEN FRÜCHTE aus der Papaya die Kernchen herauslösen, die Papaya schälen. Die Baby-Ananas vierteln und schälen, den Strunk in der Mitte herausschneiden. Die Mango schälen und das Fruchtfleisch in großen Stücken vom Stein schneiden. Das vorbereitete Fruchtfleisch in ½–1 cm große Stücke schneiden. Die Passionsfrüchte halbieren, das Fruchtfleisch mit einem Löffel auslösen und mit den restlichen Fruchtstücken in eine Schüssel geben.

4 DIE LIMETTEN heiß waschen, abtrocknen und die Schale in feinen Zesten abschneiden. Die Zesten in kochendem Wasser kurz blanchieren. Die Limetten auspressen. Den Saft mit den Zesten, dem Wasser und 50 g Zucker aufkochen. Den restlichen Zucker mit dem Pektin mischen, zum Saft geben und so lange kochen, bis er andickt und glasig wirkt. Dann abkühlen lassen und über die Früchte geben.

5 ZUM SERVIEREN von der Mousse Nocken abstechen und auf Desserttellern anrichten. Die exotischen Früchte dazugeben und alles mit je 1 Schokoladenspirale garnieren.

Schokoladen-Nuss-Schnitten

***

Für 8 Portionen
FÜR DEN SCHOKOLADENSABLÉ 80 g Zucker * 80 g Butter * 1 Prise Salz * ausgeschabtes Mark von ½ Vanilleschote * 2 Eigelb * 90 g Mehl * 5 g Backpulver * 20 g schwach entöltes Kakaopulver
FÜR DAS HASELNUSSNOUGAT 100 g geschälte Haselnusskerne * 160 g dunkles Haselnussnougat * 40 g dunkle Kuvertüre * 60 g Sahne * 20 g Butter
FÜR DIE SCHOKOLADENMOUSSE 100 g dunkle Kuvertüre * 1 Ei * 1 Eigelb * 30 g Zucker * 200 g Sahne
AUSSERDEM ca. 200 g dunkle Kuvertüre * Blattgold zum Verzieren
Backrahmen, 12 × 16 cm

1 FÜR DEN SABLÉ Zucker mit Butter, Salz und Vanillemark schaumig schlagen, Eigelbe nach und nach unterrühren. Mehl, Backpulver und Kakao darübersieben und unterheben. Den Teig in Folie wickeln, 2 Stunden in den Kühlschrank stellen. Den Backofen auf 200 °C vorheizen. Den Teig zwischen 2 Lagen Backpapier auf 17 × 12 cm etwa 3 mm dünn ausrollen und im vorgeheizten Backofen auf der mittleren Schiene 10–12 Minuten backen. Den Sablé vorsichtig in 8 Stücke à 3 × 8 cm schneiden, abkühlen lassen.

2 FÜR DAS NOUGAT ein Backblech mit Backpapier belegen. Nüsse daraufgeben und im heißen Backofen 8–10 Minuten goldgelb rösten, abkühlen lassen. Nougat in Stücke schneiden. Kuvertüre hacken. Sahne aufkochen und vom Herd nehmen. Zuerst Nougat und Kuvertüre, dann die Butter darin schmelzen. Geröstete Nüsse unterheben. Den Backrahmen auf Backpapier setzen, die Masse hineinfüllen, über Nacht fest werden lassen und in 8 Stücke à 3 × 8 cm schneiden.

3 FÜR DIE MOUSSE Kuvertüre hacken und über dem Wasserbad schmelzen. Ei, Eigelb und Zucker hellgelb aufschlagen. Sahne steif schlagen. Die Kuvertüre unter die Eigelbmasse rühren und abkühlen lassen. Die Sahne unterziehen.

4 DIE KUVERTÜRE hacken, über dem Wasserbad schmelzen und temperieren (s. S. 16). Dünn auf eine dickere Folie (z.B. aufgeschnittenen Gefrierbeutel) streichen, fest werden lassen und in 16 Blättchen à 3 × 8 cm schneiden.

5 ZUM ANRICHTEN die Mousse in einen Spritzbeutel mit Lochtülle füllen. Jeden Sabléstreifen mit 1 Nougatstück belegen, etwas Mousse daraufspritzen und 1 Schokoblatt daraufsetzen. Dann je 3 dicke Moussetupfen daraufspritzen und mit 1 Schokoblatt belegen. Jedes Schokoladen-Nuss-Schnittchen mit Blattgold garniert servieren.

Kleine Schokoladenküchlein mit flüssigem Kern und Fruchtsalat

**

Für 6 Portionen

FÜR DIE PASSIONSFRUCHT-TUILES 50 g Butter * 45 g Passionsfruchtmark (Bezugsquelle s. S. 126) * 130 g Puderzucker * 30 g Mehl * 50 g gehobelte Mandeln

FÜR DIE SCHOKOLADENKÜCHLEIN 115 g dunkle Kuvertüre * 115 g Butter * 4 Eier * 150 g Zucker * 95 g Mehl

FÜR DEN FRUCHTSALAT 300 g aromatische Erdbeeren * 2 vollreife Passionsfrüchte * Zucker und/oder Zitronensaft nach Wunsch

AUSSERDEM Butter und Mehl für die Formen

6 Dessertringe, ø 8 cm

1 FÜR DIE TUILES die Butter schmelzen und abkühlen lassen. Das Passionsfruchtmark zur Butter geben. Puderzucker untermischen, Mehl darübersieben und mit den Mandeln unter den Teig arbeiten. Zugedeckt 2–3 Stunden ruhen lassen. Dann den Backofen auf 180 °C vorheizen, ein Backblech mit Backpapier belegen. Vom Teig mit den Fingern kleine Kreise auf das Backpapier streichen und im vorgeheizten Backofen 7–8 Minuten backen, bis die Tuiles goldbraun, aber noch biegbar sind. Herausnehmen und in Form biegen.

2 FÜR DIE KÜCHLEIN die Kuvertüre hacken und mit der Butter über dem Wasserbad schmelzen. Die Eier mit Zucker verrühren, bis sich der Zucker aufgelöst hat. Dann die Schokobutter unterrühren. Das Mehl darübersieben und unterheben. Die Masse zugedeckt 2 Stunden in den Kühlschrank stellen.

3 DEN BACKOFEN wieder auf 180 °C vorheizen, ein Backblech mit Backpapier belegen. Die Dessertringe mit Butter fetten, dünn mit Mehl ausstreuen und auf das Backblech setzen. Den Teig in den Dessertringen verteilen und im vorgeheizten Backofen ca. 10 Minuten backen. Die Küchlein sind fertig, wenn sie sich bei der Fingerprobe kompakt anfühlen und dennoch nachgeben. Sie sollen auf keinen Fall durchgebacken sein.

4 FÜR DEN FRUCHTSALAT Erdbeeren waschen, putzen und vierteln oder halbieren. Passionsfrüchte halbieren, das Innere herauslöffeln. Früchte mischen und nach Wunsch mit Zucker abschmecken. Sind die Passionsfrüchte sehr süß, die Früchte statt mit Zucker mit 1 Spritzer Zitronensaft abschmecken.

5 DIE NOCH HEISSEN SCHOKOKUCHEN vorsichtig aus den Ringen lösen. Mit dem Fruchtsalat auf Desserttellern anrichten und mit den Passionsfrucht-Tuiles garnieren.

Maronenparfait mit Honigsauce und Preiselbeeren

✻✻

Für 6 Portionen

FÜR DAS MARONENPARFAIT 50 g dunkle Kuvertüre ✻ 2 Blatt Gelatine ✻ 200 g gesüßtes Kastanienpüree (aus der Dose) ✻ 100 ml Milch ✻ 2 Eigelb ✻ 70 g Zucker ✻ 2 Eiweiß ✻ 200 g Sahne

FÜR DIE HONIGSAUCE 200 g Sahne ✻ 2 EL Honig ✻ 100 g weiße Kuvertüre ✻ ausgeschabtes Mark von ¼ Vanilleschote

FÜR DAS PREISELBEERKOMPOTT 300 g frische Preiselbeeren ✻ 50 ml Rotwein ✻ ½ Zimtstange ✻ 100 g Zucker ✻ 1 EL Speisestärke

FÜR DIE HONIGWABE 35 g Butter ✻ 30 g Honig ✻ 60 g Puderzucker ✻ 30 g Mehl

AUSSERDEM Terrinenform, 700 ml Inhalt

1 FÜR DAS MARONENPARFAIT die Terrinenform mit Folie auslegen. Die Kuvertüre hacken und über dem Wasserbad schmelzen. Die Gelatine in kaltem Wasser einweichen. Das Kastanienpüree mit der Milch glatt rühren. Die Eigelbe mit 50 g Zucker aufschlagen. Die Gelatine tropfnass in einem kleinen Topf bei mäßiger Hitze schmelzen und unter die Eigelbmasse rühren. Zuerst die Kastanienmasse, dann die Kuvertüre zugeben und unterrühren. Die Eiweiße mit 20 g Zucker aufschlagen, die Sahne steif schlagen. Beides unter die Maronenmasse heben und in die Terrinenform füllen. Mit Folie abgedeckt 3–5 Stunden gefrieren.

2 FÜR DIE HONIGSAUCE die Sahne mit dem Honig aufkochen und vom Herd nehmen. Die Kuvertüre hacken, dazugeben und unter Rühren schmelzen lassen. Zum Schluss das Vanillemark unterrühren.

3 FÜR DAS PREISELBEERKOMPOTT die Preiselbeeren abspülen, abtropfen lassen und verlesen. Die Preiselbeeren mit Rotwein, Zimtstange und Zucker aufkochen. Die Speisestärke in etwas Wasser anrühren und die Preiselbeeren damit andicken. Zimtstange entfernen und das Kompott abkühlen lassen.

4 FÜR DIE HONIGWABE die Butter mit Honig schmelzen und abkühlen lassen. Puderzucker und Mehl unterrühren, 1 Stunde ruhen lassen. Den Backofen auf 180 °C vorheizen, mehrere Backbleche mit Backpapier belegen. Aus dem Teig etwa kirschgroße Kugeln formen, mit 10–12 cm Abstand voneinander auf die Backbleche setzen und im vorgeheizten Backofen ca. 10 Minuten hellbraun backen. Noch heiß vorsichtig vom Backpapier lösen und nach Wunsch in Form biegen.

5 ZUM ANRICHTEN das Maronenparfait in dicke Scheiben schneiden, mit Preiselbeerkompott und Honigsauce auf Desserttellern anrichten und mit Honigwaben garnieren.

Schokoladen-Ravioli mit Mango und Pistaziensauce

**

Für 4 Portionen

FÜR DIE RAVIOLI 125 g Mehl * 20 g Puderzucker * 40 g dunkles Kakaopulver * 2 Eier * ausgeschabtes Mark von ½ Vanilleschote * Salz * 100 ml Milch * 40 g dunkle Kuvertüre

FÜR DIE FÜLLUNG 2 Passionsfrüchte * 1 vollreife Mango (idealerweise Flugmango) * 1 Spritzer Zitronensaft * 40 g Zucker * ½ TL Pektin (Bezugsquelle s. S. 126)

FÜR DIE PISTAZIENSAUCE 100 g Sahne * 100 ml Milch * 30 g Zucker * 3 Eigelb * 10 g Pistazienpaste

AUSSERDEM Mangospalten zum Garnieren

1 FÜR DIE RAVIOLI das Mehl, den Puderzucker und den Kakao in eine Schüssel sieben. Die Eier und das Vanillemark dazugeben und zu einem glatten Teig verkneten. In Folie wickeln und 1 Stunde ruhen lassen.

2 FÜR DIE FÜLLUNG die Passionsfrüchte halbieren, das Fruchtfleisch mit einem Löffel auslösen und durch ein Sieb passieren. Die Mango schälen, das Fruchtfleisch in großen Stücken vom Stein schneiden. Eine Hälfte des Fruchtfleischs klein würfeln, die andere Hälfte mit 40 g Passionsfruchtmark und dem Zitronensaft in einem kleinen Topf pürieren. Den Zucker mit Pektin mischen, zum Püree geben und 4–5 Minuten kochen und andicken lassen. Die Masse abkühlen lassen, die Mangowürfel untermischen.

3 FÜR DIE PISTAZIENSAUCE die Sahne mit der Milch aufkochen. Den Zucker und die Eigelbe in einer Schlagschüssel aufschlagen, die heiße Sahne-Milch-Mischung unterrühren und alles über dem Wasserbad zur Rose abziehen (s. S. 14). Die Pistazienpaste dazugeben und unterrühren.

4 DEN RAVIOLITEIG auf einer leicht bemehlten Arbeitsfläche so dünn wie möglich ausrollen und halbieren (oder besser mit der Nudelmaschine auswalzen). Eine Teighälfte dünn mit Wasser bestreichen. Die Füllung mit 4 cm Abstand voneinander in kleinen Tupfen darauf verteilen. Die zweite Teigplatte darauflegen und rund um die Tupfen festdrücken. Die Ravioli ausradeln und in leicht gesalzenem Wasser etwa 5–6 Minuten kochen.

5 DIE MILCH in einer Pfanne erhitzen, die Kuvertüre hacken, dazugeben und schmelzen lassen. Die abgetropften Ravioli darin schwenken und auf vorgewärmten Tellern anrichten. Pistaziensauce und Mangospalten daran arrangieren und sofort servieren.

UNSER TIPP Pistazienpaste lässt sich ganz einfach selbst herstellen. Dafür 100 g ungesalzene, geschälte Pistazienkerne und 15 g Traubenkernöl sehr fein pürieren. Die Paste in ein sauberes Schraubdeckelglas füllen und im Kühlschrank aufbewahren.

Mohnmousse mit Cassiskirschen

Für 4 Portionen

FÜR DIE CASSISKIRSCHEN 250 g schwarze Johannisbeeren * 50 ml Wasser * 50 g Zucker * 150 ml Rotwein * ausgeschabtes Mark von ½ Vanilleschote * ½ Zimtstange * 250 g Süßkirschen * 20 g Speisestärke

FÜR DIE MANDEL-HONIG-RINGE 65 g Butter * 160 g Puderzucker * 70 g flüssiger Honig * 50 g Mehl * 180 g gemahlene Mandeln

FÜR DIE MOHNMOUSSE 150 g weiße Kuvertüre * 1 Blatt Gelatine * 10 g gemahlener Mohn * 40 ml Rotwein * 1 Ei * 1 Eigelb * 20 g Zucker * 300 g Sahne

AUSSERDEM 4 Kirschen mit Stiel zum Garnieren
Ausstechringe in verschiedenen Größen

1 FÜR DIE CASSISKIRSCHEN die Johannisbeeren abspülen, von den Rispen streifen und mit dem Wasser 4–5 Minuten kochen. Die Johannisbeeren durch ein Sieb passieren, 150 g abwiegen. Den Zucker hellbraun karamellisieren, mit dem Rotwein ablöschen. Johannisbeermark und die Gewürze dazugeben und aufkochen. Die Kirschen waschen, entsteinen und halbieren. Zum Johannisbeermark geben und 5 Minuten darin köcheln. Die Speisestärke mit etwas Wasser anrühren und die Cassiskirschen damit binden. Am besten über Nacht durchziehen lassen.

2 FÜR DIE MANDEL-HONIG-RINGE den Backofen auf 180 °C vorheizen. Die Butter mit dem Puderzucker und dem Honig schaumig schlagen. Das Mehl und die Mandeln untermischen. Den Teig zwischen 2 Lagen Backpapier etwa 1–2 mm dünn ausrollen. Oberes Backpapier abziehen. Den Teig mit dem unteren Backpapier auf ein Backblech ziehen und im vorgeheizten Backofen ca. 8 Minuten backen. Gleich nach dem Backen unterschiedlich große Ringe daraus ausstechen.

3 FÜR DIE MOHNMOUSSE die Kuvertüre hacken und über dem Wasserbad schmelzen. Die Gelatine in kaltem Wasser einweichen. Den Mohn mit dem Rotwein kochen, bis die Flüssigkeit verdampft ist. Die Gelatine ausdrücken und in der Mohnmischung auflösen. Ei und Eigelbe mit dem Zucker aufschlagen, die Mohnmasse und die Kuvertüre dazugeben, alles sorgfältig untermischen und etwas abkühlen lassen. Die Sahne steif schlagen und unterheben.

4 ZUM SERVIEREN die Cassiskirschen in Dessertgläsern verteilen und mit der noch nicht angezogenen Mohnmousse auffüllen. Zugedeckt 2–3 Stunden im Kühlschrank fest werden lassen. Dann mit Kirschen und Mandel-Honig-Ringen garniert servieren.

FEIERLICHE DESSERTKREATIONEN

Wenn es etwas zu feiern gibt,
präsentieren sich Desserts in elegantem Outfit.
Kunstvoll garnierte Törtchen, Schnittchen oder
Pyramiden bilden dann den glamourösen Abschluss
eines opulenten Festessens.

Quarktörtchen mit Pfirsichsauce

*

Für 4 Portionen

FÜR DIE QUARKTÖRTCHEN 3 Blatt Gelatine * 3 Eigelb * 80 g Zucker * 200 g Quark * 100 g saure Sahne * 190 g Sahne

FÜR DIE HONIGPLÄTZCHEN 12 g Butter * 15 g Tannenhonig * 30 g Puderzucker * 10 g Mehl * 10 g fein gemahlene, geschälte Mandeln

FÜR DIE PFIRSICHSAUCE 200 g vollreife weiße Pfirsiche * 20 g Puderzucker * 1 Spritzer Zitronensaft

AUSSERDEM ca. 150 g Heidelbeeren, Himbeeren und Johannisbeeren und Schokoladenschmetterlinge (s. S. 16) zum Garnieren

4 Dessertringe, ø 8 cm * Randfolienstreifen (Bezugsquelle s. S. 126)

1 FÜR DIE QUARKTÖRTCHEN die Gelatine in kaltem Wasser einweichen. Die Eigelbe mit dem Zucker aufschlagen. Die Gelatine tropfnass in einem kleinen Topf bei mäßiger Hitze schmelzen, zur Eimischung geben und unterrühren. Den Quark und die saure Sahne ebenfalls unterrühren. Die Sahne steif schlagen, unter die Quarkmasse heben. Die Dessertringe mit Randfolienstreifen auslegen und auf ein mit Backpapier belegtes Tablett setzen. Die Quarkmasse einfüllen und 3–4 Stunden im Kühlschrank fest werden lassen.

2 FÜR DIE HONIGPLÄTZCHEN die Butter schmelzen, abkühlen lassen und mit den übrigen Zutaten zu einem Teig verkneten. In Folie wickeln und 1 Stunde ruhen lassen. Den Backofen auf 190 °C vorheizen, ein Backblech mit Backpapier belegen. Den Teig dünn ausrollen, mindestens 4 Plätzchen von ø 6 cm ausstechen und im vorgeheizten Backofen 8–10 Minuten goldgelb backen.

3 FÜR DIE PFIRSICHSAUCE die Pfirsiche waschen, halbieren, den Stein entfernen und das Fruchtfleisch in Stücke schneiden. Mit dem Puderzucker in einen hohen Rührbecher geben und pürieren, mit Zitronensaft abschmecken. Ist das Pfirsichmark sehr dick, mit etwas Läuterzucker (s. S. 15) verdünnen.

4 ZUM ANRICHTEN die Beeren waschen, verlesen und trocken tupfen. Die Quarktörtchen vorsichtig aus den Ringen lösen und auf Dessertteller setzen. Die Honigplätzchen obenauf legen, die Pfirsichsauce drum herum verteilen. Mit den Beeren und den Schokoladenschmetterlingen garniert servieren.

Fein gewürztes Zwetschgenduett

✻✻

Für 8 Portionen

FÜR DIE ZWETSCHGENTERRINE 1,5 kg Zwetschgen ✻ 150 g Zucker ✻ 7 Blatt Gelatine ✻ 150 ml roter Portwein ✻ 1 Sternanis ✻ 2 Zimtstangen ✻ ausgeschabtes Mark von 1 Vanilleschote ✻ je 30 g Walnusskerne, Haselnusskerne und Pinienkerne ✻ 40 ml Armagnac

FÜR DIE ZWETSCHGEN-SCHOKO-SCHNITTEN 1 dünner Biskuitboden, 12 × 25 cm (s. S. 15) ✻ 30 g dunkle Kuvertüre ✻ 10 ml geschmacksneutrales Öl ✻ 4 Blatt Gelatine ✻ 100 g weiße Kuvertüre ✻ 1 Ei ✻ 1 Eigelb ✻ 70 g Zucker ✻ 20 ml Zwetschgenwasser ✻ 300 g Sahne ✻ 2 Eiweiß

AUSSERDEM Zwetschgenchips (s. S. 19) zum Garnieren
Terrinenform, 400 ml Inhalt ✻ Backrahmen, 12 × 25 cm

1 FÜR DIE TERRINE Zwetschgen waschen, vierteln, entsteinen, mit Zucker mischen und am besten über Nacht ziehen lassen. Gelatine in kaltem Wasser einweichen. Zwetschgen mit Portwein und Gewürzen aufkochen und ca. 5 Minuten köcheln. Ein Drittel abnehmen, pürieren und beiseitestellen. Die restlichen Zwetschgen abgießen, Sud auffangen und offen auf die Hälfte reduzieren.

2 DEN SUD durch ein feines Sieb gießen und eingeweichte Gelatine darin auflösen. Mit Zwetschgen, grob gehackten Nüssen und Kernen sowie Armagnac vermengen. Die Terrinenform mit Folie auslegen, die Mischung hineingeben und mit Folie abgedeckt 4–5 Stunden im Kühlschrank fest werden lassen.

3 FÜR DIE SCHNITTEN den Backrahmen auf ein mit Backpapier belegtes Tablett setzen. Den Biskuitboden hineinlegen. Die Kuvertüre hacken, über dem Wasserbad schmelzen, Öl untermischen und den Biskuitboden damit bestreichen.

4 VON DER GELATINE 1 Blatt in kaltem Wasser einweichen. Weiße Kuvertüre hacken und schmelzen. Ei mit Eigelb und 20 g Zucker kräftig aufschlagen. 10 ml Obstbrand leicht erwärmen, Gelatine darin auflösen und unter die Eimischung ziehen. Kuvertüre unterziehen. 180 g Sahne steif schlagen, unterheben und die Masse auf den Biskuitboden streichen. 1–2 Stunden anziehen lassen.

5 VOM BEISEITEGESTELLTEN ZWETSCHGENMARK 240 g abwiegen. Restliche Gelatine einweichen, in 10 ml warmem Obstbrand auflösen und unter das Mark ziehen. Die Eiweiße mit 50 g Zucker und restlicher Sahne separat steif schlagen, unter die Zwetschgenmasse heben. Auf der Schokomousse verteilen, glatt streichen und 4–5 Stunden im Kühlschrank fest werden lassen.

6 ZUM SERVIEREN den Biskuit in 8 Schnitten schneiden, auf Dessertteller setzen. Die Terrine in Scheiben schneiden, dazulegen und mit Zwetschgenchips garnieren.

Schokoladen-Haselnuss-Törtchen

***

Für 8 Portionen

FÜR DEN SCHOKOBISKUIT 50 g dunkle Kuvertüre * 4 Eigelb * 80 g Zucker * ausgeschabtes Mark von ½ Vanilleschote * 1 Prise Salz * 4 Eiweiß * 90 g fein gemahlene, geschälte Mandeln

FÜR DIE NUSSMOUSSE 4 Blatt Gelatine * 50 g schnittfestes Haselnussnougat * 60 g karamellisierte Haselnüsse (s. S. 19) * 2 Eigelb * 1 Ei * 50 g Zucker * ausgeschabtes Mark von ½ Vanilleschote * Salz * 400 g Sahne

AUSSERDEM 100 g dunkle Kuvertüre, karamellisierte Haselnüsse (s. S. 19) und Minzeblättchen zum Garnieren

Silikon-Backmatte * 8 Dessertringe, ø 8 cm * Randfolienstreifen (Bezugsquelle s. S. 126)

1 FÜR DEN BISKUIT den Backofen auf 160 °C vorheizen, ein Backblech mit einer Backmatte belegen. Die Kuvertüre hacken, über dem Wasserbad schmelzen, lauwarm abkühlen lassen. Eigelbe mit 15 g Zucker und Gewürzen aufschlagen, Kuvertüre unterziehen. Eiweiße mit restlichem Zucker steif schlagen, mit den Mandeln unter den Teig heben. 1 ½ cm dünn auf die Backmatte streichen und im vorgeheizten Backofen 12–15 Minuten backen. Aus dem Teig 16 Kreise ausstechen.

2 FÜR DIE NUSSMOUSSE die Gelatine in kaltem Wasser einweichen. Das Nougat klein schneiden und über dem mäßig warmen Wasserbad schmelzen. Die Nüsse grob hacken. Eigelbe und Ei mit Zucker, Vanillemark und Salz weißschaumig aufschlagen. Die Gelatine tropfnass in einem kleinen Topf bei mäßiger Wärme schmelzen, unter die Eimasse ziehen. Nougat und Nüsse unterrühren. Sahne steif schlagen, ebenfalls unterheben.

3 DIE DESSERTRINGE mit Randfolienstreifen auskleiden und auf ein mit Backpapier belegtes Tablett setzen. In jeden Ring 1 Biskuitkreis legen und zur Hälfte mit Mousse füllen. 1 weiteren Biskuitkreis darauflegen und mit Mousse auffüllen. Zugedeckt 4–5 Stunden im Kühlschrank fest werden lassen.

4 DIE TÖRTCHEN vorsichtig aus den Ringen lösen, Folienstreifen entfernen. Neue Folienstreifen etwa 1 cm höher als die Törtchen zuschneiden. Zum Garnieren die Kuvertüre hacken, über dem Wasserbad schmelzen und temperieren (s. S. 16). Mit einem Spritzbeutel mit sehr kleinem Loch sehr feine Gitterlinien auf die Folienstreifen spritzen, diese sofort um die Törtchen legen. Weitere 30 Minuten im Kühlschrank fest werden lassen.

5 DIE TÖRTCHEN auf Dessertteller setzen, Folienstreifen ablösen. Mit Haselnüssen und Minzeblättchen garniert servieren.

UNSER TIPP Dazu ein Früchteragout servieren. Dafür je 1 Apfel und Birne würfeln. 5 Zwetschgen und 10 Mirabellen entsteinen und halbieren. Früchte in 50 g hellbraun karamellisiertem Zucker aufkochen. Vom Herd nehmen, 30 g Rosinen dazugeben und mit 1 Prise Zimt abschmecken. 20 ml Williams-Birnengeist darübergießen und das Ragout damit flambieren.

Buttermilchmousse im Baumkuchenmantel

***

Für 8 Portionen

FÜR DEN BAUMKUCHENMANTEL 1 Baumkuchen (s. S. 120) * 100 g weiße Kuvertüre
FÜR DIE ERDBEERSCHICHT 1 Blatt Gelatine * 250 g aromatische Erdbeeren * 60 ml Holunderblütensirup
FÜR DIE BUTTERMILCHMOUSSE 2 Blatt Gelatine * 1 EL Kirschwasser * 250 g Buttermilch * Saft von 1 Zitrone * 60 g Puderzucker * 180 g Sahne
AUSSERDEM mit Holunderblütensirup marinierte Erdbeeren und Erdbeersauce (marinierte, pürierte Erdbeeren) zum Garnieren
8 Dessertringe, ø 8 cm * Randfolienstreifen, 6 cm breit (Bezugsquelle s. S. 126)

1 FÜR DEN BAUMKUCHENMANTEL die Dessertringe mit den Folienstreifen auskleiden. Den Baumkuchen in etwa 2 mm dünne Scheiben schneiden, die Ringe damit am Rand auslegen. 3 weitere Baumkuchenstreifen nebeneinander auf eine Arbeitsfläche legen und Scheiben von ø 7 cm ausstechen. Diese als Böden in die Dessertringe legen. Die Kuvertüre hacken, über dem Wasserbad schmelzen, dabei nur mäßig warm werden lassen. Die Törtchen innen mit der Kuvertüre auspinseln und fest werden lassen.

2 FÜR DIE ERDBEERSCHICHT die Gelatine in kaltem Wasser einweichen. Die Erdbeeren waschen, trocken tupfen, putzen und in kleine Würfel schneiden. Den Holunderblütensirup erwärmen, vom Herd nehmen und die ausgedrückte Gelatine darin auflösen. Die Erdbeeren mit dem Holunderblütensirup marinieren. Wenn der Sirup leicht geliert, die Beeren so in die Törtchen füllen, dass sie nicht über den Baumkuchenrand hinausragen.

3 FÜR DIE BUTTERMILCHMOUSSE die Gelatine in kaltem Wasser einweichen. Das Kirschwasser erwärmen, die Gelatine abtropfen lassen und im Kirschwasser auflösen. Die Buttermilch, den Zitronensaft und den Puderzucker verrühren, bis sich der Zucker aufgelöst hat. Die Gelatine unterrühren und alles kühlen, bis die Masse leicht geliert. Die Sahne steif schlagen, unter die Buttermilchmischung heben. Die Mousse in die Baumkuchentörtchen füllen und zugedeckt 3–4 Stunden im Kühlschrank fest werden lassen.

4 ZUM SERVIEREN die Baumkuchentörtchen vorsichtig aus den Dessertringen lösen, die Folie abziehen. Die Törtchen auf Dessertteller setzen und mit marinierten Erdbeeren und Erdbeersauce garniert servieren.

Schokoladen-Kirsch-Pyramide

***

Für 8 Portionen

FÜR DIE KIRSCHHERZEN 600 g Sauerkirschen * 80 g Zucker * 2 Blatt Gelatine * 20 ml Kirschwasser * 100 g Sahne
FÜR DEN SCHOKOBISKUIT 1 Rezeptmenge Schokobiskuit (s. S. 94)
FÜR DAS KIRSCHSORBET 180 ml Kirschsaft * 110 g Zucker * ausgeschabtes Mark von ½ Vanilleschote * ¼ Zimtstange * dünn abgeschnittene breite Schalenstreifen von ½ Bio-Zitrone * 20 ml Kirschwasser
FÜR DIE SCHOKOLADENMOUSSE 100 g dunkle Kuvertüre * 2 Eiweiß * 2 Eigelb * 40 g Zucker * 1 Prise gemahlene Zimtblüte * 150 g Sahne
AUSSERDEM 8 halbkugelförmige Formen, Ø 4 cm * Backrahmen, 14 × 28 cm * 8 Pyramidenformen, je 7 cm Seitenlänge

1 FÜR DIE KIRSCHHERZEN die Kirschen waschen und entsteinen. Mit 50 g Zucker in einem Topf vermischen und 1 Stunde Saft ziehen lassen. Kirschen etwa 5 Minuten aufkochen, pürieren und passieren. 100 g Kirschmark abwiegen, restliches Kirschmark (300 g) für das Sorbet verwenden. Gelatine in kaltem Wasser einweichen. Kirschwasser erwärmen, Gelatine ausdrücken und im Kirschwasser auflösen. Das Kirschmark mit 30 g Zucker und der Gelatine verrühren, erkalten lassen. Sahne steif schlagen und unterheben. In die halbkugelförmigen Formen füllen und abgedeckt 4–5 Stunden gefrieren.

2 FÜR DEN SCHOKOBISKUIT den Backofen auf 160 °C vorheizen. Den Teig wie im Rezept beschrieben zubereiten und in den Backrahmen füllen. Im vorgeheizten Backofen 8–10 Minuten backen. Noch warm in 7 cm große Quadrate schneiden.

3 FÜR DAS KIRSCHSORBET den Kirschsaft mit Zucker und Gewürzen aufkochen. 300 g Kirschmark und Zitronenschale dazugeben, kurz weiterkochen und abkühlen lassen. Gewürze entfernen, Kirschwasser unterrühren. Sorbet in der Eismaschine gefrieren lassen.

4 FÜR DIE MOUSSE Kuvertüre hacken und über dem Wasserbad schmelzen. Eiweiße und Eigelbe mit je 20 g Zucker separat aufschlagen. Kuvertüre und Eigelbe mischen, mit Zimtblüte würzen und erkalten lassen. Sahne steif schlagen, mit dem Eischnee unterheben. Die Masse zur Hälfte in die Pyramidenformen füllen, je 1 Kirschherz leicht hineindrücken und mit restlicher Mousse auffüllen. Mit den Biskuit-Quadraten abdecken und für 4–5 Stunden im Kühlschrank fest werden lassen. Die Formen kurz ins Gefrierfach stellen. Mit je 1 Sorbetnocke und Schokoladen-Mandelhippen auf Desserttellern anrichten.

UNSER TIPP Für eine schöne Glasur 65 g Sahne erwärmen. 5 Blatt eingeweichte Gelatine darin auflösen. 130 g Zucker, 35 g dunkles Kakaopulver und 90 ml Wasser separat verrühren und die Sahne nach und nach hineinrühren. Die Kirschpyramiden auf ein Gitter setzen, die Glasur mit einer Kelle darüberschöpfen und die Glasur 30 Minuten fest werden lassen.

Mandelblätter mit Erdbeeren und Honigcreme

**

Für 4 Portionen

FÜR DIE HONIGCREME 1 Blatt Gelatine * 50 g weiße Kuvertüre * 1 Ei * 10 ml Cointreau * 40 g Honig * 150 g Sahne

FÜR DIE MANDELHIPPEN 80 g Butter * 65 g Zucker * 30 g Mehl * 30 g gehobelte Mandeln * etwas fein abgeriebene Bio-Orangenschale

AUSSERDEM 500 g makellose Erdbeeren * 20 g Puderzucker * 1 Spritzer Zitronensaft * einige Minzeblättchen zum Garnieren

1 FÜR DIE HONIGCREME die Gelatine in kaltem Wasser einweichen. Die Kuvertüre hacken und über dem Wasserbad schmelzen. Das Ei kräftig aufschlagen. Den Cointreau erwärmen, die Gelatine ausdrücken und darin auflösen. Die Gelatine zum Ei geben und unterrühren. Nun erst die Kuvertüre, dann den Honig unterrühren und abkühlen lassen. Die Sahne steif schlagen und unterheben. Die Creme zugedeckt 4 Stunden im Kühlschrank fest werden lassen.

2 FÜR DIE MANDELHIPPEN die Butter schmelzen. Mit den übrigen Zutaten in einer Schüssel zu einem Teig verkneten, mit Folie abdecken und 1 Stunde ruhen lassen. Den Backofen auf 180 °C vorheizen, mehrere Backbleche mit Backpapier belegen. Aus dem Teig kleine Kugeln von ø 2–3 cm formen, diese mit 10–12 cm Abstand voneinander auf die Backbleche setzen und nacheinander im vorgeheizten Backofen 8–10 Minuten goldbraun backen. Herausnehmen und abkühlen lassen.

3 ZUM SERVIEREN die Erdbeeren waschen, trocken tupfen und putzen. Die Stielansätze gerade schneiden, die Erdbeeren nebeneinanderstellen und auf eine Höhe schneiden. Je 1 Mandelhippe auf einen Dessertteller setzen und mit Erdbeeren belegen. 4 große Erdbeeren blättrig schneiden. Restliche Erdbeeren und Erdbeerabschnitte mit dem Puderzucker und dem Zitronensaft pürieren.

4 JEWEILS ETWAS ERDBEERSAUCE über die Erdbeeren träufeln und ein 2. Hippenblatt daraufsetzen. Von der Honigcreme je 1 Nocke abstechen und auf die 2. Hippe setzen. Mit je einem 3. Hippenblatt abdecken und leicht andrücken. Die Törtchen mit Minzeblättchen garnieren. Restliche Erdbeersauce und blättrig geschnittene Erdbeeren dekorativ dazu anrichten.

Matchakuppel mit Joghurtsauce

**

Für 6 Portionen

FÜR DIE JOHANNISBEERCREME 150 g rote Johannisbeeren * 50 g Zucker * 1 Blatt Gelatine * 10 ml Kirschwasser * 80 g Sahne

FÜR DIE MATCHACREME 2 Blatt Gelatine * 20 ml Kirschwasser * ½ EL Matchapulver * 200 g saure Sahne * 70 g Zucker * 200 g Sahne

FÜR DIE JOGHURTSAUCE 150 g Joghurt * 20 g Zucker * 1 Spritzer Zitronensaft

AUSSERDEM gezuckerte Johannisbeerrispen und weiße Schokoladenornamente (s. S. 16) zum Garnieren * Matchapulver zum Bestreuen je 6 halbkugelförmige Formen, ø 4 cm und ø 7 cm

1 FÜR DIE JOHANNISBEERCREME die Johannisbeeren abspülen, von den Rispen streifen und mit 20 g Zucker mischen, 30 Minuten stehen lassen. Dann pürieren und durch ein feines Sieb passieren. 90 g Johannisbeermark abmessen und abkühlen lassen. Die Gelatine in kaltem Wasser einweichen. Das Kirschwasser erwärmen, vom Herd nehmen und die tropfnasse Gelatine darin auflösen. Das Johannisbeermark mit dem restlichen Zucker verrühren, die Gelatine unterrühren. Die Sahne steif schlagen und unter die Johannisbeercreme heben. Die Creme in die Halbkugeln mit ø 4 cm füllen, mit Folie abdecken und mindestens 2–3 Stunden gefrieren lassen.

2 FÜR DIE MATCHACREME die Gelatine in kaltem Wasser einweichen. Das Kirschwasser erwärmen und vom Herd nehmen. Gelatine ausdrücken und darin auflösen. Das Matchapulver einrühren und durch ein feines Sieb streichen, falls Klümpchen entstehen.

3 DIE SAURE SAHNE mit dem Zucker glatt rühren, die Gelatine dazugeben und gleichmäßig unterrühren. Die Sahne steif schlagen und unter die Creme heben. Die größere Halbkugelformen zur Hälfte mit der Matchacreme füllen. Die gefrorene Johannisbeercreme in die Mitte legen, leicht hineindrücken und mit der restlichen Creme auffüllen. Mit Folie abgedeckt 4–5 Stunden im Kühlschrank fest werden lassen.

4 FÜR DIE JOGHURTSAUCE den Joghurt mit dem Zucker und dem Zitronensaft glatt verrühren.

5 ZUM SERVIEREN die Matchakuppeln vorsichtig aus der Form stürzen. Jede Kuppel auf einen Dessertteller setzen und mit der Joghurtcreme, gezuckerten Johannisbeerrispen und weißen Schokoladenornamenten garnieren. Zum Schluss je 1 Prise Matchapulver über die Joghurtcreme streuen.

UNSER TIPP Gezuckerte Johannisbeeren sind kinderleicht gemacht. Dafür besonders schöne Rispen abspülen und leicht trocken schütteln. Die Rispen in Zucker wälzen und bald zum Garnieren verwenden.

Mohnsavarin mit weißer Mousse und Rosmarinkirschen

**

Für 6 Portionen

FÜR DIE ROSMARINKIRSCHEN 150 ml Rotwein * 50 g Zucker * dünn abgeschnittene breite Schalenstreifen von ½ Bio-Orange und ½ Bio-Zitrone * 1 kleiner Rosmarinzweig * 1 Lorbeerblatt * ½ Zimtstange * 1 Gewürznelke * 2 Scheiben geschälte Ingwerwurzel * 250 g Süßkirschen * 10 g Speisestärke

FÜR DIE SCHOKOLADENMOUSSE 1 Blatt Gelatine * 100 g weiße Kuvertüre * 1 Ei * 1 Eigelb * 20 g Zucker * 200 g Sahne

FÜR DIE SAVARINS 110 g Butter * 120 g Zucker * 4 Eigelb * 4 Eiweiß * 80 g gemahlener Mohn * 100 g Biskuitbrösel * 60 ml Rum * 80 ml Läuterzucker (40 g Zucker : 40 ml Wasser, s. S. 15) * 2 EL Honig

AUSSERDEM Butter und Zucker für die Formen
6 Savarinförmchen, 70 ml Inhalt

1 FÜR DIE KIRSCHEN den Rotwein mit Zucker, Zitrusschalen und Gewürzen aufkochen und 5 Minuten köcheln lassen. Vom Herd nehmen und 3 Stunden durchziehen lassen. Die Kirschen waschen, halbieren und entsteinen. Den Rotweinsud durch ein Sieb in einen Topf gießen, Kirschen dazugeben. Alles aufkochen und die Kirschen 5 Minuten köcheln. Die Speisestärke mit etwas Wasser anrühren, zu den Kirschen geben und aufkochen, bis der Sud bindet. Die Kirschen am besten über Nacht durchziehen lassen.

2 FÜR DIE MOUSSE die Gelatine in kaltem Wasser einweichen. Die Kuvertüre hacken und über dem Wasserbad schmelzen. Das Ei mit Eigelb und Zucker aufschlagen. Die Sahne steif schlagen. Die Gelatine tropfnass in einem kleinen Topf bei mäßiger Wärme schmelzen und unter die Eiermischung rühren. Die Kuvertüre unterziehen, dann die Sahne unterheben. Im Kühlschrank 4 Stunden fest werden lassen.

3 FÜR DIE SAVARINS die Formen mit Butter ausfetten, mit Zucker ausstreuen und den Backofen auf 180 °C vorheizen. Butter mit 60 g Zucker schaumig schlagen. Die Eigelbe nach und nach unterschlagen. Die Eiweiße mit dem restlichen Zucker steif schlagen. Mohn und Biskuitbrösel mischen, mit dem Eischnee unter die Buttermasse heben. Die Masse mit einem Spritzbeutel in die Formen spritzen und im vorgeheizten Backofen 15–20 Minuten backen. Aus den Formen stürzen und abkühlen lassen. Rum, Läuterzucker und Honig unter Rühren erwärmen, bis sich der Honig aufgelöst hat.

4 ZUM SERVIEREN die Savarins in der Rum-Läuterzucker-Mischung tränken und auf die Dessertteller setzen. Die Kirschen je in die Mitte der Savarins füllen. Die Mousse in Nocken abstechen und mit den Savarins anrichten.

Schokoladenkörbchen mit Mandel-Amaretto-Creme

***

Für 4 Portionen

FÜR DIE KÖRBCHEN ca. 300 g dunkle Kuvertüre
FÜR DIE MANDEL-AMARETTO-CREME 1 ½ Blatt Gelatine * 35 g weiße Kuvertüre * 50 g fein gemahlene, geschälte Mandeln * 2 Eigelb * 1 Ei * 50 g Zucker * 35 ml Amaretto * 190 g Sahne
AUSSERDEM mit 2–3 EL Amaretto marinierte, geviertelte Erdbeeren und gezuckerte Gänseblümchen (s. S. 19) zum Garnieren
Terrinenform

1 FÜR DIE SCHOKOLADENKÖRBCHEN die Kuvertüre hacken, über dem Wasserbad schmelzen und temperieren (s. S. 16). Einen großen Gefrierbeutel an zwei Seiten aufschneiden, aufklappen und ein Oval von 10 × 12 cm aufzeichnen. Die Folie mit der Markierung nach unten auf die Arbeitsfläche legen. Die Kuvertüre in einen kleinen Papierspritzbeutel füllen, ein sehr kleines Stück an der Spitze abschneiden und mit der Kuvertüre feine Gitterlinien in das Oval ziehen.

2 DIE FOLIE sofort in die Terrinenform legen. Auf ein weiteres Stück Folie für den Henkel einen Streifen von 1 × 12 cm aufspritzen, ebenfalls in die Form geben. Wenn die Kuvertüre fest geworden ist, den Henkel mit einigen Tupfen temperierter Kuvertüre an dem Körbchen festkleben. Auf diese Art 3 weitere Körbchen herstellen.

3 FÜR DIE MANDEL-AMARETTO-CREME die Gelatine in kaltem Wasser einweichen. Die Kuvertüre hacken und über dem Wasserbad schmelzen. Die Mandeln in der Pfanne trocken hellbraun rösten, auf einen Teller geben und abkühlen lassen. Die Eigelbe und das Ei mit dem Zucker schaumig schlagen. Den Amaretto erwärmen, die Gelatine ausdrücken und im Amaretto auflösen. Die Gelatine unter die Eimischung rühren.

4 DIE KUVERTÜRE und die gerösteten Mandeln zur Eimischung geben und unterziehen. Die Sahne steif schlagen und unterheben. Die Creme im Kühlschrank 4 Stunden fest werden lassen.

5 ZUM SERVIEREN je 1 Schokoladenkörbchen auf einen Dessertteller setzen. Von der Creme Nocken abstechen und in die Körbchen setzen. Mit den marinierten Erdbeeren und Gänseblümchen garniert servieren.

KLEINIGKEITEN ZUM KAFFEE

Naja, klein sind sie schon,
unsere Kreationen, aber wer sagt denn,
dass es bei einem Stückchen bleiben soll?
Besonders, wenn eine Auswahl verschiedener
»Kleinigkeiten« zum Genießen einlädt.

Chou à la Crème

**

Für ca. 28 Stück

FÜR DIE VANILLECREME 100 g Sahne * 100 ml Milch * 2 Eigelb * 30 g Zucker * ausgeschabtes Mark von ½ Vanilleschote * 20 g Speisestärke
FÜR DEN MARILLENKERN 150 g vollreife Marillen (Aprikosen) * 50 g Zucker * 3 g Agar-Agar
FÜR DIE KNUSPERSCHICHT 90 g Mehl * 90 g Zucker * 75 g Butter
FÜR DIE WINDBEUTEL 125 ml Milch * 125 ml Wasser * 125 g Butter * 12 g Zucker * 180 g Mehl * 2 Prisen Salz * 5–6 Eier

1 FÜR DIE VANILLECREME Sahne mit 50 ml Milch aufkochen. Die Eigelbe mit Zucker, restlicher Milch, Vanillemark und Speisestärke glatt verrühren. In die Sahnemischung rühren und unter Rühren 3–4 Minuten kochen und binden lassen. Die Vanillecreme mit Folie abdecken und auskühlen lassen.

2 FÜR DEN MARILLENKERN die Marillen waschen, halbieren, entsteinen und etwas klein schneiden. Mit 40 g Zucker mischen und 1–2 Stunden Saft ziehen lassen. Dann ca. 10 Minuten weich kochen, pürieren und passieren. Den restlichen Zucker mit Agar-Agar mischen, unter die Marillenmasse rühren und noch einmal aufkochen, bis die Masse andickt. Abkühlen lassen.

3 FÜR DIE KNUSPERSCHICHT Mehl, Zucker und Butter glatt verkneten und zwischen 2 Lagen Backpapier sehr dünn ausrollen. 30 Minuten in den Kühl- oder Gefrierschrank legen, dann 28 Kreise von ø 2,5 cm ausstechen.

4 FÜR DIE WINDBEUTEL den Backofen auf 190 °C vorheizen, ein Backblech mit Backpapier belegen. Milch, Wasser, Butter und Zucker aufkochen. Vom Herd nehmen, Mehl und Salz auf einmal dazugeben und rühren, bis sich ein Teigkloß gebildet und ein weißer Film auf dem Topfboden abgesetzt hat.

5 DEN TEIG kurz in einer Schüssel abkühlen lassen. Die Eier nach und nach unterrühren, bis ein nicht zu flüssiger, aber auch nicht zu fester Teig entstanden ist. In einen Spritzbeutel mit Lochtülle (ø 12 mm) füllen und 28 Tupfen à 3 cm mit je 2 cm Abstand voneinander auf das Backblech spritzen. Die Knuspertaler darauflegen. Die Windbeutel im vorgeheizten Backofen 14–16 Minuten backen. Dann die Backofentemperatur auf 170 °C herunterschalten und weitere 6–8 Minuten backen. Kurz vor dem Servieren jeweils mit einem Spritzbeutel mit kleiner Lochtülle die Vanillecreme und die Marillenmasse von unten in die Windbeutel spritzen.

UNSER TIPP Zum Garnieren die Windbeutel mit Fondant überziehen. Dafür 200 g weiches Fondant über dem Wasserbad auf ca. 32 °C erwärmen, die Oberseiten der Windbeutel hineintauchen und antrocknen lassen. Restliches Fondant mit Lebensmittelfarbe orange einfärben und damit feine Linien über die Windbeutel ziehen.

Zitronensablé mit Zitronenmousse

✻✻

Zutaten für ca. 25 Stück

FÜR DEN ZITRONENSABLÉ 80 g Butter ✻ 80 g Zucker ✻ 2 Eigelb ✻ 1 kleine Prise Salz ✻ fein abgeriebene Schale von 1 Bio-Zitrone ✻ 110 g Mehl ✻ 5 g Backpulver
FÜR DIE ZITRONENMOUSSE 1 ½ Blatt Gelatine ✻ 100 g saure Sahne ✻ 50 ml Zitronensaft ✻ 40 g Zucker ✻ 120 g Sahne
FÜR DIE GLASUR 3 g Agar-Agar ✻ 45 g Zucker ✻ 250 ml Wasser ✻ 50 ml Zitronensaft ✻ 20 g Glukose (Bezugsquelle s. S. 126)
AUSSERDEM 50 g dunkle Kuvertüre ✻ 25 gezuckerte Tagetesblüten (s. S. 19)
Ausstechform, ø 4 cm ✻ 25 halbkugelförmige Formen, ø 4 cm

1 FÜR DEN ZITRONENSABLÉ die Butter mit dem Zucker schaumig aufschlagen. Erst die Eigelbe nach und nach unterrühren, dann das Salz und die Zitronenschale. Das Mehl und das Backpulver mischen, darübersieben und unterziehen. Den Teig in Folie wickeln und ca. 2 Stunden ruhen lassen.

2 DEN BACKOFEN auf Umluft 170 ° vorheizen. Den Teig zwischen 2 Lagen Backpapier 3–4 mm dünn ausrollen, auf das Backblech ziehen und das obere Backpapier abziehen. Danach den Sablé im vorgeheizten Backofen 12–14 Minuten backen, herausnehmen und noch warm 25 Kreise von ø 4 cm ausstechen.

3 FÜR DIE MOUSSE die Gelatine in kaltem Wasser einweichen. Die saure Sahne mit dem Zitronensaft und dem Zucker glatt verrühren. Die Gelatine tropfnass in einem kleinen Topf bei mäßiger Wärme schmelzen. Die Gelatine unter die Saure-Sahne-Mischung rühren. Die Sahne steif schlagen und unterheben. Die Masse in die Halbkugelformen füllen und die Zitronensablé-Scheiben darauflegen. 3–5 Stunden in den Kühlschrank stellen, dann zum leichteren Lösen aus den Formen für 30 Minuten in das Gefrierfach stellen.

4 FÜR DIE GLASUR den Agar-Agar mit dem Zucker mischen. Das Wasser mit dem Zitronensaft und der Glukose aufkochen. Die Zucker-Agar-Agar-Mischung einrühren und kurz durchkochen. Vom Herd nehmen und leicht abkühlen lassen.

5 ZUM FERTIGSTELLEN die Kuvertüre hacken, über dem Wasserbad schmelzen und temperieren (s. S. 16). Die halbkugelförmigen Törtchen auf ein Gitter setzen und mit der Schöpfkelle portionsweise mit der Glasur übergießen. Auf Backpapier setzen und mit dünnen Kuvertürefäden überziehen. Die Blüten anstecken und alles fest werden lassen.

Nuss-Mandel-Schnitten mit Marzipan

**

Für 35 Stück

FÜR DEN NUSSKERN 30 g dunkle Kuvertüre * 20 g Sahne * 100 g schnittfestes Haselnussnougat * 10 g Butter * 50 g Pekannüsse * 30 g Macadamianüsse

FÜR DIE AMARETTO-CANACHE 20 g Sahne * 100 g Vollmilchkuvertüre * 20 ml Amaretto * 30 g weiche Butter

AUSSERDEM 250 g Marzipan-Rohmasse * Puderzucker zum Ausrollen * 35 karamellisierte Mandeln (s. S. 19)

Pralinenrahmen

1 FÜR DEN NUSSKERN die Kuvertüre hacken, über dem Wasserbad schmelzen und vom Wasserbad nehmen. Die Sahne aufkochen, zur Kuvertüre geben und unterrühren. Zuerst das Nougat in Stücke schneiden und zugeben, dann die Butter zugeben und beides unter Rühren schmelzen. Die Nüsse grob hacken und unter die Kuvertüre-Nougat-Mischung rühren. Einen Pralinenrahmen so auf Backpapier legen, dass ein Streifen von 3 × 30 cm entsteht. Die Nusskern-Masse hineinfüllen und in 12 Stunden fest werden lassen.

2 FÜR DIE AMARETTO-CANACHE die Sahne aufkochen. Die Kuvertüre hacken, dazugeben und unter Rühren in der Restwärme schmelzen. Den Amaretto einrühren, den Topf mit Folie abdecken und die Canache in 6 Stunden fest werden lassen.

3 DAS MARZIPAN mit etwas Puderzucker ca. 2 mm dünn ausrollen und den fest gewordenen Nusskern darin einschlagen. Die lange Praline in 35 ca. 2 cm breite Stücke schneiden. Die Amaretto-Canache mit der Butter aufschlagen, in einen Spritzbeutel mit Sterntülle füllen und eine kleine Rosette auf jedes Pralinenstück spritzen. Mit den karamellisierten Mandeln garnieren.

UNSER TIPP Die Canache mit Cointreau variieren und die Nuss-Mandel-Schnitten mit kandierten Orangenstücken garnieren, aber auch Rum und Rumrosinen oder Kirschwasser und kandierter Ingwer machen sich sehr gut!

Zweierlei Mini-Cupcakes mit Zitrone oder Schokolade

**

Für 32 Stück

FÜR DEN GRUNDTEIG 100 g Butter * 150 g Zucker * ausgeschabtes Mark von ½ Vanilleschote * 2 Eier * 120 g Mehl * 1 TL Backpulver * 100 ml Milch

FÜR DIE ZITRONEN-CUPCAKES fein abgeriebene Schale von 1 Bio-Zitrone * 150 g rote Johannisbeeren * 80 g Zucker * 2 g Agar-Agar * Saft von 1 Zitrone * 1 Blatt Gelatine * 3 Eiweiß * 100 g Puderzucker

FÜR DIE SCHOKOLADEN-NUSS-CUPCAKES 40 g Schokoladenbacktropfen * 25 g Walnusskerne * 30 g dunkle Kuvertüre * 10 ml Cointreau * 30 g Zucker * 40 ml Wasser * 60 g Sahne

AUSSERDEM gezuckerte Johannisbeerrispen (s. S. 103) und Schokoladenornamente (s. S. 16) zum Garnieren
32 Mini-Muffin-Papierförmchen * Mini-Muffinform

1 FÜR DEN GRUNDTEIG den Backofen auf 180 °C vorheizen, die Papierförmchen in die Mulden der Muffinform legen. Die Butter mit Zucker und Vanillemark schaumig aufschlagen. Die Eier nach und nach unterschlagen. Mehl mit Backpulver übersieben, abwechselnd mit der Milch unterheben. Den Teig halbieren, unter eine Hälfte die abgeriebene Zitronenschale, unter die andere Hälfte die Schokobacktropfen und die grob gehackten Walnüsse ziehen. Den Teig je in den Papierförmchen verteilen und blechweise im vorgeheizten Backofen 12–15 Minuten goldbraun backen. Auf einem Gitter abkühlen lassen.

2 FÜR DIE ZITRONEN-CUPCAKES die Johannisbeeren abspülen, von den Rispen streifen und mit 50 g Zucker und Agar-Agar mischen. Aufkochen, bis die Masse andickt, abkühlen lassen. Muffins in der Mitte oben leicht aushöhlen. Zitronensaft mit restlichem Zucker aufkochen, die Muffins damit tränken und die Johannisbeermasse einfüllen.

3 DIE GELATINE in kaltem Wasser einweichen. Eiweiße mit Puderzucker steif schlagen. Gelatine tropfnass in einem kleinen Topf bei mäßiger Hitze schmelzen und unterziehen. Eischnee in einen Spritzbeutel mit Sterntülle füllen und Rosetten auf die Muffins spritzen. Die Cupcakes unter dem Backofengrill kurz goldbraun gratinieren. Gezuckerte Johannisbeerrispen dekorativ auf den Mini-Cupcakes anrichten.

4 FÜR DIE SCHOKOLADEN-NUSS-CUPCAKES Kuvertüre hacken, über dem Wasserbad schmelzen und abkühlen lassen. Cointreau mit Zucker und 40 ml Wasser aufkochen, die Muffins damit tränken. Sahne steif schlagen und die Kuvertüre vorsichtig unterziehen. Creme in einen Spritzbeutel mit Sterntülle füllen, auf die Muffins spritzen und mit Schokoladenornamenten garnieren.

Apfel-Rosen-Tartelettes

***

Für 20 Stück

1 Ei * 80 g Zucker * 100 g weiche Butter * 80 g fein gemahlene, geschälte Mandeln * 1 Tropfen Rosenöl * 4 Blätter Filoteig (aus dem türkischen Lebensmittelgeschäft) * etwas Zucker * 4–5 rotschalige Äpfel

AUSSERDEM Butter für die Förmchen * Puderzucker zum Bestreuen
Ausstechring, ø 7 cm * 20 Tartelettefförmchen, ø 5 cm

1 FÜR DIE CREME das Ei mit 60 g Zucker schaumig aufschlagen. 60 g Butter nach und nach zugeben und unterschlagen. Die gemahlenen Mandeln und das Rosenöl dazugeben und untermengen.

2 DIE RESTLICHE BUTTER schmelzen. Die Filoteigblätter auf einer Arbeitsfläche auslegen. 1 Filoteigblatt mit Butter bestreichen und mit etwas Zucker bestreuen. 1 Filoteigblatt darauflegen und ebenfalls mit Butter bestreichen. Die beiden anderen Teigblätter auf die gleiche Weise vorbereiten. Insgesamt 20 Kreise von ø 7 cm ausstechen. Die Formen leicht mit Butter fetten und die Teigkreise hineinlegen. In jedes Tartelette etwa 1 cm hoch Creme füllen.

3 DIE ÄPFEL waschen, abtrocknen und rundum etwa 2,5 cm dicke Stücke herunterschneiden. Die Stücke am besten mit der Aufschnittmaschine in hauchdünne Scheiben schneiden. Die Scheiben überlappend in etwa 50 cm lange Reihen legen und jede vorsichtig aufrollen. Je eine Rolle mit den Schalenseiten nach oben in ein Tartelette stellen und die »Blütenblätter« vorsichtig leicht auseinanderziehen.

4 DEN BACKOFEN auf 180 °C vorheizen. Die Tartelettes im vorgeheizten Backofen auf der unteren Schiene auf dem Rost 10–12 Minuten backen. Sollten sie zu dunkel werden, mit Alufolie abdecken. Lauwarm mit Puderzucker bestreut servieren.

Baumkuchenecken

Für ca. 30 Stück

110 g weiche Butter * 50 g Puderzucker * ausgeschabtes Mark von ½ Vanilleschote * 3 Eigelb * 75 g Marzipan-Rohmasse * 25 ml Milch * 1 EL Rum * 3 Eiweiß * ½ Prise Salz * 60 g Zucker * 45 g Mehl * 40 g Speisestärke

AUSSERDEM ca. 200 g dunkle oder weiße Kuvertüre zum Garnieren

Backform, 16 × 19 cm

1 DIE BUTTER mit dem Puderzucker und dem Vanillemark weißschaumig aufschlagen. Die Eigelbe nach und nach dazugeben und unterrühren. Die Marzipan-Rohmasse mit der Milch glatt verkneten und unter Rühren zur Butter-Eigelb-Mischung geben. Den Rum ebenfalls einrühren.

2 DIE EIWEISSE mit dem Salz und dem Zucker zu steifem Schnee schlagen. Das Mehl und die Speisestärke mischen und sieben. Mit dem Eischnee unter die Butter-Eigelb-Masse ziehen. Den Backofen auf 210 °C vorheizen, die Backform mit passend zurechtgeschnittenem Backpapier belegen.

3 EIN ACHTEL DES TEIGES in die Backform geben und glatt streichen. Im vorgeheizten Backofen nach Sicht 5–6 Minuten backen, bis der Teig leicht goldbraun wird. Aus dem Backofen nehmen, eine weitere Teigschicht daraufstreichen und erneut ca. 5 Minuten goldbraun backen. So fortfahren, bis der Teig mit acht Schichten fertig gebacken ist. Den Teig abkühlen lassen und in ca. 30 trapezförmige Stücke schneiden.

4 DIE KUVERTÜRE hacken, über dem Wasserbad schmelzen, temperieren (s. S. 16) und eine Seite der Baumkuchentrapeze hineintauchen. Auf Backpapier setzen und trocknen lassen.

UNSER TIPP Gleich die vierfache Teigmenge auf einem großen, hohen Backblech backen und drei Viertel des Baumkuchens einfrieren. So gibt es immer Vorrat für herrliche Baumkuchenecken, aber auch für tolle Desserts wie die Buttermilchmousse auf Seite 96.

Krokanttürmchen

**

Für 20 Stück

FÜR DIE CANACHE 100 g Vollmilchkuvertüre * 100 g Sahne
FÜR DIE SCHOKOLADENBLÄTTER 150 g Vollmilchkuvertüre * 40 g fein gehackte Haselnüsse * 1 Prise gemahlener Zimt
FÜR DAS HASELNUSSKROKANT 60 g gehobelte Haselnusskerne * 60 g gemahlene Haselnusskerne * 100 g Zucker * 30 ml Wasser * 1 Spritzer Zitronensaft
AUSSERDEM 20 karamellisierte Haselnüsse (s. S. 19) zum Garnieren

1 FÜR DIE CANACHE die Kuvertüre hacken. Die Sahne aufkochen und den Topf vom Herd nehmen. Die Kuvertüre hineingeben und rühren, bis sie sich aufgelöst hat. Die Canache in eine Rührschüssel geben und zugedeckt in 2–3 Stunden fest werden lassen.

2 FÜR DIE SCHOKOLADENBLÄTTER die Kuvertüre hacken, über dem Wasserbad schmelzen, temperieren (s. S. 16) und Nüsse und Zimt einrühren. Die Kuvertüre auf Alufolie streichen, etwas fest werden lassen und 40 Quadrate à 4 cm ausschneiden.

3 FÜR DAS HASELNUSSKROKANT den Backofen auf 190 °C vorheizen, ein Backblech mit Backpapier belegen. Zuerst die gehobelten Haselnusskerne auf das Backblech geben und im vorgeheizten Backofen auf Sicht goldgelb rösten, dann die gemahlenen Haselnusskerne.

4 DEN ZUCKER mit dem Wasser und dem Zitronensaft so lange kochen, bis ein heller Karamell entstanden ist. Die warmen Nüsse unterrühren und alles auf Backpapier geben. Eine 2. Lage Backpapier darauflegen und den Krokant sehr dünn ausrollen. Falls er zwischendurch zu kalt und fest geworden ist, im Backofen kurz aufwärmen. Den Krokant in 40 Quadrate à 4 cm schneiden.

5 ZUM ZUSAMMENSETZEN die Canache kräftig aufschlagen und in einen Spritzbeutel mit mittelgroßer Lochtülle füllen. Aus den Krokantblättern und den Schokoladenblättern mit der Canache 20 Türmchen zusammensetzen und mit je 1 karamellisierten Haselnuss garnieren.

Schokoladen-Passionsfrucht-Tartelettes

**

Für 24 Stück

FÜR DEN MÜRBETEIG 250 g Mehl * 100 g Zucker * 1 Prise Salz * 150 g kalte Butter * 1 Eigelb * 30 ml Wasser

FÜR DIE PASSIONSFRUCHT-CANACHE 100 g Sahne * 75 g Passionsfruchtmark (Bezugsquelle s. S. 126) * 180 g dunkle Kuvertüre * 40 g weiche Butter

AUSSERDEM Butter für die Förmchen * Mehl zum Ausrollen * getrocknete Hülsenfrüchte zum Blindbacken * 24 gitterförmige Ornamente aus weißer Kuvertüre und Blattgold zum Garnieren

6 Tarteletteförmchen, ø 10 cm

1 FÜR DEN MÜRBETEIG das Mehl mit dem Zucker und dem Salz mischen und auf die Arbeitsfläche häufen. In die Mitte eine Mulde drücken. Die Butter in kleine Stücke schneiden und in die Mulde geben. Die Butter mit dem Mehl verreiben. Erneut eine Mulde in die Mitte drücken, das Eigelb und das Wasser hineingeben und alles zu einem glatten Teig verkneten. In Folie wickeln und 2–3 Stunden in den Kühlschrank legen.

2 DEN BACKOFEN auf 180 °C vorheizen. Die Tarteletteförmchen mit Butter ausfetten. Den Mürbeteig auf der leicht bemehlten Arbeitsfläche dünn ausrollen und die Tarteletteförmchen damit auslegen. Mit Backpapier belegen, mit getrockneten Hülsenfrüchten bedecken und im vorgeheizten Backofen 8–10 Minuten blindbacken. Die Hülsenfrüchte und das Backpapier entfernen und die Tartelettes noch weitere 5 Minuten backen, bis sie zart goldgelb sind. Auf einem Gitter abkühlen lassen.

3 FÜR DIE PASSIONSFRUCHT-CANACHE die Sahne mit dem Passionsfruchtmark aufkochen und vom Herd nehmen. Die Kuvertüre hacken und unter Rühren darin schmelzen. Dann die weiche Butter unterrühren.

4 DIE PASSIONSFRUCHT-CANACHE in die ausgekühlten Tartelettes füllen und in 3–4 Stunden fest werden lassen. Dann jedes Tartelette vierteln und mit je 1 Gitterornament und etwas Blattgold garnieren.

UNSER TIPP Mit der exotischen Passionsfrucht-Canache lassen sich auch die kleinen Windbeutel prima füllen (s. Rezept S. 110). Diese dann mit temperierter dunkler Kuvertüre in dünnen Fäden überziehen. Köstlich!

REGISTER

Kursiv gesetzte Stichwörter und Seitenzahlen verweisen auf küchenpraktische und warenkundliche Beschreibungen.

BEZUGSADRESSEN

www.pralinenschule.de für Kuvertüre, Glukose, Lebensmittelfarben und andere Zutaten für die Dessertküche

www.pati-versand.de für Kuvertüre, Randfolienstreifen und Formen

www.bosfood.de für Zutaten aller Art für die Dessertküche

www.aureliebastian.de Formen und Zutaten für die Dessertherstellung

www.dukatshop.de für Blattgold aller Art

ÜBER DIE AUTORINNEN

Getrieben von der Leidenschaft, Gerüche, Geschmäcker und Texturen zu entdecken, lernte **Kerstin Spehr** den Beruf der Köchin, um sich anschließend ganz ihrer Faszination von Schokolade und anderen süßen Freuden zu widmen. Als Patissière arbeitete sie 10 Jahre im Olympiaturm-Drehrestaurant in München, wo sie die Gäste mit ihren Dessert- und Kuchenvariationen immer wieder aufs Neue überraschte. Aus dem Verlangen heraus, endlich komplett ihren eigenen Weg zu gehen und ihrer Kreativität freien Lauf zu lassen, eröffnete sie 2002 in der Schulstraße in München-Neuhausen einen Laden, in dem sie selbst hergestellte Pralinen und Schokoladen verkauft. Darunter befinden sich kleine Kostbarkeiten wie Rosmarin-Pinienkern-Pralinen, Honig-Salbei-Trüffel oder Walnuss-Blaubeer-Schokolade. Seit 2006 gibt sie zudem in ihrer Pralinen- und Dessertschule ihre Liebe zur Schokolade und zum Süßen an Hobbyköche weiter.

Petra Casparek, freie Autorin zahlreicher Koch- und Backbücher und Kochdozentin, ist durch zwei Generationen kochfreudiger Frauen erblich vorbelastet. Alles, was mit Kochen, Backen und Bevorraten zu tun hat, ist ihr seit frühester Kindheit vertraut. Ihre besondere Leidenschaft gilt dabei dem Reisen, immer gepaart mit neugierigen Blicken in fremde Kochtöpfe. In der Zusammenarbeit mit Kerstin Spehr ist sie diejenige, die die stichwortartigen Notizen der Patissière in kochbuchtaugliche Rezepte verwandelt.

ÜBER DIE FOTOGRAFIN

Kochen und Fotografie sind die zwei großen Leidenschaften von **Tanja Major**. Sie lernte das Kochen von der Pike auf in Gourmet- und Sterneküchen, u. a. bei Martin Scharff und Eckart Witzigmann. Seit 1994 arbeitet sie als Foodstylistin und Fotografin für Buchverlage, Foodmagazine und Werbung.

Impressum

Bibliografische Information der Deutschen Nationalbibliothek
Die Deutsche Nationalbibliothek verzeichnet diese Publikation in der Deutschen Nationalbibliografie; detaillierte bibliografische Daten sind im Internet über http://dnb.d-nb.de abrufbar.

BLV Buchverlag GmbH & Co. KG
80636 München

Bildnachweis:
Alle Fotos von Tanja Major Food & Photo, außer
Seite 127 oben: Kerstin Spehr + Petra Casparek;
Seite 127 unten: Melanie Flemme
Assistenz Küche: Melanie Flemme

Umschlagkonzeption und -gestaltung: BLV-Verlag
Umschlagfotos:
Vorderseite: Stockfood/Charlie Richards (Variation des Rezeptes Schokoladen-Ingwer-Pudding auf Seite 53)
Rückseite: Tanja Major Food & Photo

Lektorat: Stella Rahn, Susanne Noll
Herstellung: Angelika Tröger
Layoutkonzept Innenteil: griesbeckdesign, Dorothee Griesbeck, München
DTP: griesbeckdesign, Dorothee Griesbeck, München

Gedruckt auf chlorfrei gebleichtem Papier

Printed in Germany
ISBN 978-3-8354-1526-3

Hinweis
Das vorliegende Buch wurde sorgfältig erarbeitet. Dennoch erfolgen alle Angaben ohne Gewähr. Weder Autorinnen noch Verlag können für eventuelle Nachteile oder Schäden, die aus den im Buch vorgestellten Informationen resultieren, eine Haftung übernehmen.

www.facebook.com/blvVerlag